A Su Imagen

PAUTAS PARA EL CRECIMIENTO ESPIRITUAL

RICHARD B. RAMSAY

A Su Imagen

Pautas Para el Crecimiento Espiritual

Richard B. Ramsay

ISBN: **979-8-90046-946-1**
Staten House

PREFACIO, PRIMERA EDICIÓN

Algunos de los malentendidos más grandes entre los cristianos hoy en día están relacionados con el proceso del crecimiento espiritual, y con la obra del Espíritu Santo. Durante la historia de la Iglesia[1] hubo períodos cuando el pueblo de Dios luchó para definir ciertas doctrinas importantes, como por ejemplo la trinidad, la lista de libros que pertenecen a la Biblia, y la justificación. Las discusiones actuales tienen que ver con la *santificación*.

Algunos enfatizan la responsabilidad humana, y otros enfatizan la obra de Dios. En este libro, queremos buscar una armonía entre los dos. Aunque sabemos que todo fruto de crecimiento viene del Señor, y que la salvación es totalmente por la fe, por la gracia de Dios, también creemos que el hombre tiene su responsabilidad. Es decir, el hombre debe usar los medios que Dios le ha dado para su propio desarrollo. La fe y la obediencia son inseparables.

El propósito de este libro de estudios bíblicos es guiar a los creyentes en el camino del crecimiento, y animarlos a confiar en el Señor. Las lecciones enseñan cómo vivir la vida cristiana por fe, usando las herramientas apropiadas. Son más prácticas que doctrinales, aunque también incluyen los fundamentos bíblicos acerca de la santificación. (Para complementar este libro con más estudios doctrinales acerca de la salvación, se recomienda estudiar el libro *¿Cuán Bueno Debo Ser?*) En este manual, Ud. estudiará pautas para tener un encuentro diario con Dios, para orar, para estudiar la Biblia, para compartir el evangelio, para descubrir sus dones, y para descubrir la voluntad de Dios en su vida.

---

[1] En este libro, se usa una letra mayúscula para escribir "Iglesia", cuando se refiere al Cuerpo de Cristo, los creyentes en todo el mundo, la Iglesia universal. Se usa minúscula cuando se refiere a una congregación local.

¡Que Dios le bendiga abundantemente al estudiar Su Palabra y ponerla en práctica!

Quiero dar las gracias a los hermanos de las iglesias de Santiago de Chile, especialmente las iglesias *Gracia y Paz* y *Cristo Rey* por su ayuda en la preparación de estas lecciones. Fueron los primeros que estudiaron las lecciones y me dieron sus sugerencias para futuras versiones. También quiero agradecer a mi esposa, María Angélica, por su ayuda en la redacción.

Richard B. Ramsay,
Viña del Mar, Chile, 1992

Prefacio, Edición 2009

Ha sido una gran bendición observar cómo el Señor ha utilizado este manual para el discipulado de muchas personas, especialmente en Cuba. Doy gracias al Señor por los hermanos de la isla, especialmente el Dr. Norberto Quesada, que ha distribuido copias del libro para usar en grupos pequeños. Hay un avivamiento increíble en ese país, y los hermanos han sido un testimonio para mí de gozo en medio de dificultades, y de entusiasmo en la realización de la tarea evangelística.

Agradezco a la Sra. Erica de O'Shee por las ilustraciones originales (las que tienen líneas simples), y a la Sra. Sue Yarbrough por algunos gráficos nuevos.

Miami, 2009

Notas adicionales, 2019

Esta edición contiene algunas pequeñas modificaciones y correcciones. También se usaron algunos gráficos nuevos. Quisiera expresar de nuevo mi agradecimiento a Angélica por su amor, por sus consejos sabios, ¡y por sus aportes tan valiosos en mi vida durante estos años!

Miami, 2019

Nota, 2025

Se han hecho pequeñas redacciones, especialmente en algunas preguntas, pero el contenido de la ensañanza es el mismo.

Orlando, 2025

El autor

El Dr. Ramsay fue misionero en Chile durante 21 años, enseñando en un seminario y plantando iglesias. Allí conoció a su esposa, Angélica. Ahora viven en Florida y tienen dos hijos, ya casados y con familia. Durante los últimos 25 años, han trabajado internacionalmente en educación a distancia, viajando para impartir conferencias y produciendo recursos para la educación teológica y la formación de líderes. Richard ha sido profesor para la *Universidad FLET* y *Thirdmill Seminary*, y ha desarrollado muchos cursos en línea.

Tiene un Doctorado en Misiones y una Maestría en Divinidades de *Westminster Theological Seminary,* además de una Maestría en Teología de *Covenant Theological Seminary.*

Otros libros del autor incluyen *¿Cuán bueno debo ser?*, *Integridad intelectual*, *Certeza de la fe*, *Católicos y protestantes*, *Griego y exégesis*, *Fortalece tu fe*, *Sinopsis de la Biblia*, *Exploremos Génesis*, *Armemos el rompebezas,* y *Orientación para líderes.*

Pero nosotros todos, con el rostro descubierto, contemplando como en un espejo la gloria del Señor, estamos siendo transformados en la misma imagen de gloria en gloria, como por el Señor, el Espíritu.
(2 Corintios 3:18, LBLA)

No que ya lo haya alcanzado o que ya haya llegado a ser perfecto, sino que sigo adelante, a fin de poder alcanzar aquello para lo cual también fui alcanzado por Cristo Jesús.
(Filipenses 3:12, LBLA)

Contenido

SECCIÓN

1

USTED ES UNA NUEVA PERSONA

INTRODUCCIÓN

Si Ud. confía sinceramente en Jesucristo como su Señor y Salvador, Ud. ha nacido de nuevo y tiene una nueva identidad.

LEA JUAN 3:3-6.

NOTA: Debe conseguir una Biblia (como la versión *Nueva Biblia de las Américas* o *Reina Valera*) o usar software bíblico (como *e-Sword, Olive Tree Bible, o Bible Gateway*).

¿Qué tiene que suceder a una persona para entrar en el Reino de Dios? ¿Qué significa esto? ¿Cómo sucede?

_____

Cuando Ud. nació de nuevo, el Señor le dio un nuevo corazón y Ud. creyó en Él. Ud. recibió Su perdón y entregó su vida a Él. Esto fue un **nuevo comienzo**.

LEA 2 CORINTIOS 5:17.

¿Cómo se describe al creyente en este versículo?

_____

Esto no significa que haya cambiado cada aspecto de su persona. Todavía tiene la misma apariencia física, por ejemplo. (Cuando vuelva Jesús, Ud. también tendrá un nuevo cuerpo, pero no todavía.) Sin embargo, hay un cambio espiritual tan grande que la Biblia lo describe como una nueva identidad. En las siguientes dos lecciones, vamos a estudiar el significado de este cambio.

El hombre fue creado a la imagen de Dios, pero en la Caída, esta imagen fue distorsionada por el pecado. En Cristo se restaura la imagen de nuevo. De eso se trata este libro, el proceso de ser transformados a la imagen de Cristo.

1

Su Nuevo Poder

Ud. tiene un centro de mando en su corazón, donde se toman todas las decisiones. Cuando Ud. nació de nuevo, su "YO" egocéntrico bajó del trono, y subió el Señor Jesús. Ahora Él manda; Él es el Rey. Él le da un nuevo poder para vencer el pecado.

LEA ROMANOS 6:14.

¿Qué sucedió en la vida del cristiano con respecto al pecado?

_____

¡Qué promesa más linda! El pecado ya no tiene dominio sobre el creyente, porque el Espíritu Santo está en su corazón.

Sin embargo, a veces parece que no fuera así.

LEA ROMANOS 7:15-25.

¿Ud. ha sentido esta lucha que describe Pablo? ¿Cómo explicaría esto en sus propias palabras?

_____

_____

Pablo está explicando en este pasaje el conflicto entre un cristiano y el pecado. Su nueva naturaleza quiere hacer el bien, pero el pecado todavía le molesta y a veces le gana. Sin embargo, ahora cuando peca, se da cuenta de que no es él (es decir, su nueva identidad como cristiano), sino un enemigo dentro de su corazón.

Es decir, aunque tenemos una nueva identidad, y el pecado no puede dominarnos como antes, la lucha continúa. Su corazón es como un país con un nuevo gobernador. Ahora Dios es el Rey, pero ¡hay grupos terroristas que frecuentemente atacan! Este libro va a mostrar cómo tener la victoria en esta guerra espiritual.

Según el versículo 25, ¿Cuál es la esperanza de Pablo?

_____

LEA EFESIOS 4:22-32.

Debemos abandonar al _viejo hombre_ y vestirnos del _nuevo hombre_. Aunque en un sentido Ud. ya es una nueva persona en Cristo, en otro sentido ha empezado un largo _proceso_ de crecimiento. Ud. tiene que ponerse esta nueva ropa poco a poco. Esto significa abandonar el pecado y desarrollar una nueva vida sana.

Anote las cosas que dejamos:

_____

_____

No podemos simplemente dejar de hacer lo _malo_, sino que tenemos que reemplazar lo malo con lo _bueno_.

Había un joven con un deseo ferviente de vivir una vida santa. Decidió no tomar el microbús al trabajo porque el conductor excedía un poco la velocidad máxima, y él mismo se sentía culpable por eso. Después, dejó de trabajar en la oficina porque otra persona escuchaba canciones en la radio que él consideraba una mala influencia. Poco a poco se fue aislando del mundo ¡hasta que no salía de su casa! Tenía miedo de salir a la calle porque significaba someterse a muchas tentaciones. Aunque tenía treinta a+ños, su madre tenía que cuidarlo como a un niño.

¡Obviamente esto no es el estilo de vida que el Señor quiere para nosotros! El hecho de no hacer nada también es un pecado, porque hay muchas cosas buenas que debería hacer. ¡No podemos amar a nuestro prójimo si quedamos sentados en la casa sin comunicarnos nunca con él!

Anote lo positivo que podemos hacer en lugar de lo negativo, según Efesios 4:22-32:

_____

_____

_____

_____

En algunas personas el Señor hace cambios dramáticos. Por ejemplo, hay casos de drogadictos y alcohólicos que han sido liberados de su vicio en forma instantánea. Sin embargo, eso no sucede siempre. Normalmente la lucha es larga y difícil, y los cambios son graduales. Espiritualmente, somos como un niño que nace y crece de a poco, dejando a un lado las costumbres egocéntricas, y aprendiendo a amar a Dios y a su prójimo. La gran diferencia está en que El Espíritu Santo vive en nosotros, y por lo tanto el pecado ya no puede controlarnos.

LEA JUAN 15:4-5.

¿Qué debemos hacer para tener fruto? ¿Cómo explicaría esta analogía en sus propias palabras?

"Permanecer" en Jesús significa *confiar* en Él. Tal como una planta recibe su alimentación de las raíces, nosotros recibimos fuerza espiritual de Jesús.

A veces cuando leemos pasajes como Efesios 4:22-32, lo analizamos en forma egocéntrica y negativa. Pensamos, "¿Tengo que cambiar todo eso? ¡No puedo llegar a ser así!" Pero esta forma de pensar demuestra dos errores:

1. En primer lugar, está mirando mucho a sí mismo. Tiene que mirar más al Señor. Lo que queremos mostrar en esta lección es que Ud. es una nueva persona guiada por Dios, y el *Espíritu Santo* le va a cambiar. Por supuesto Ud. tiene su parte en el proceso del crecimiento (y vamos a estudiar eso en otras lecciones), sin embargo, el poder para cambiar viene del Señor.
2. En segundo lugar, no aprecia lo positivo de estos cambios. No son pesados. No son una carga. Más bien, son un gran alivio. Producen paz y gozo en nuestra alma. Son nuestra liberación del pecado.

Ahora, lea el siguiente pasaje de otra manera. No lo lea pensando en el *deber pesado* que Ud. tiene ahora como cristiano. Léalo como una *promesa*. Piense así: "¡Qué bueno que el Señor va a hacer todo eso en mí!"

LEA COLOSENSES 3:5-17.

Anote las cosas que el Señor va a sacar de su vida:

Anote las cosas que el Señor va a producir en su vida:

_____

_____

REPASO

1. Según Juan 3:3-6, ¿qué tiene que suceder a una persona para entrar en el Reino de Dios?

_____

2. ¿Cómo describe 2 Corintios 5:17 al creyente?

_____

3. Según Romanos 6:14, ¿qué sucedió en la vida del cristiano con respecto al pecado?

_____

4. Según Efesios 4:22-32, ¿qué debemos hacer?

_____

5. Según Juan 15:4-5, ¿qué debemos hacer para tener fruto?

_____

PARA REFLEXIÓN PERSONAL

1. Repasando las dos listas de pecados que debemos dejar (Efesios 4:22-32 y Colosenses 3:5-17), ¿cuáles son los que especialmente le causan dificultades?

2. Repasando las dos listas de cosas positivas que el Señor produce en nosotros (Efesios 4:22-32 y Colosenses 3:5-17), ¿cuáles son los aspectos que Ud. especialmente desea y necesita?

PARA CONVERSAR

1. Mencione algunos cambios positivos que Ud. ha visto en su vida desde que se la entregó a Jesús.

2. ¿Qué pasa si todavía parece que el pecado tiene dominio en algún aspecto de su vida? ¿Significa que Ud. no ha nacido de nuevo?

3. ¿Qué diría Ud. al joven que quedó en su casa para no ser tentado?

2

Su Nuevo Propósito

¿Ud. puede definir el propósito fundamental de su vida? ¿Cuál es? ¿Por qué?

Antiguamente el hombre pensaba que la tierra era el centro del universo y que el sol giraba alrededor de ella.

Después se dieron cuenta de que estaban equivocados; pues ¡la tierra gira alrededor del sol!

Es así con nuestras vidas: Antes de nacer de nuevo, pretendíamos ser el centro de nuestra vida. Ahora que creemos en Jesús, *Él* es nuestro centro. Cuando Jesús nos llamó a seguirlo, nos comprometimos a ser sus discípulos y hacer lo que Él nos pidiera.

Hebreos 12:1, 2 dice, "...corramos con paciencia la carrera que tenemos por delante, puestos los ojos en Jesús..."

Para avanzar en la vida cristiana tenemos que saber dónde está la meta. Tenemos que saber cuál es el propósito de la vida y el fin de nuestro crecimiento.

EL PROPÓSITO DE LA VIDA

Busque los siguientes versículos para ver el propósito de nuestra vida.

¿Qué concepto tienen en común?

1 PEDRO 4:11
1 CORINTIOS 6:20
ROMANOS 15:6

Anote su conclusión:

_____

_____

Esto se puede decir en distintas formas. Por ejemplo, Jesús resume lo que Dios pide de nosotros en el siguiente pasaje:

LEA MATEO 22:36-40.

Anótelo en sus propias palabras:

_____

_____

Pablo lo dice en otra forma:

LEA ROMANOS 14:8.

Resúmalo en sus propias palabras:

_____

_____

El *Catecismo Menor de Westminster*, pregunta #1, dice:

"¿Cuál es el fin principal del hombre?"

La respuesta es:

"El fin principal del hombre es de glorificar a Dios y gozar de Él para siempre."

Fíjese que hay dos aspectos inseparables: glorificar a Dios y gozar de Él. No es que la vida cristiana sea solamente un deber. Al glorificar a Dios, gozamos de nuestra relación con Él; y al gozar de Él, lo glorificamos. Cuando un hombre le da un abrazo a su esposa, está mostrándole cariño, pero él también disfruta del momento. Es así con Dios: cuanto más buscamos Su gloria, cuanto más experimentamos el gozo.

LA META DEL CRECIMIENTO EN CRISTO

LEA ROMANOS 8:29.

¿Para qué fuimos predestinados?

_____

LEA EFESIOS 4:11-13.

¿Cuál es la tarea de los líderes de la Iglesia?

_____

¿Qué nos dice esto acerca de la meta de nuestro crecimiento espiritual?

_____

El hombre perfecto no es ningún héroe de las películas o ningún cantante famoso; ¡es Jesucristo!

En resumen, el PROPÓSITO de la vida es **GLORIFICAR A DIOS**, y la META del crecimiento es **SER COMO JESÚS.**

Este concepto explica el título del libro. Estamos siendo transformados *A SU IMAGEN*. Él es nuestro modelo para imitar. Nuestro *carácter* debe ser moldeado al Suyo.

¿Cómo es el carácter de Jesús? Tendríamos que estudiar toda la Biblia para contestar la pregunta, y aún así no sabríamos todo acerca de Él. Sin embargo, sabemos que Él era perfecto. Por lo tanto, vamos a estudiar dos pasajes que dan un resumen de la justicia perfecta: uno describe el fruto del Espíritu y el otro describe el amor. Jesús manifestó en su vida estas dos cualidades en forma perfecta.

A. EL FRUTO DEL ESPÍRITU

LEA GÁLATAS 5:22, 23.

Haga una lista de las características del fruto del Espíritu Santo:

_____

_____

B. EL AMOR

LEA 1 CORINTIOS 13:4-7.

Anote las características del amor:

_____

_____

_____

LEA JUAN 20:21.

¿Qué significa este versículo con respecto al propósito de nuestra vida?

_____

_____

Nuestra "descripción de trabajo" es continuar el estilo de vida de Jesús mismo. ¡Piénselo! ¡Somos importantes! Somos como "ángeles" enviados a ayudar a la gente y a compartir la Palabra de Dios. Por supuesto no podemos salvar al mundo como Jesús lo hizo, muriendo por sus pecados, pero sí podemos continuar el ministerio de Jesús en el sentido de glorificar a Dios y amar a nuestro prójimo.

Por supuesto, Ud. no puede hacer esto por sí solo. Tiene que depender de la obra del Espíritu Santo para poder crecer y ser como Cristo. También necesita de los demás hermanos que forman parte del cuerpo de Cristo.

Tampoco puede lograr esta meta en forma perfecta en esta vida. Vamos creciendo paulatinamente como un niño. Sólo cuando vuelva Jesús seremos transformados de tal manera que compartiremos Su gloria. (Colosenses 3:4).

Piense en el Señor, y recuerde que llegaremos a ser como Él en nuestro carácter. Nunca seremos dioses, nunca tendremos las capacidades de Dios, pero sí tendremos el aspecto moral restaurado de acuerdo con la imagen de Jesucristo.

LOS DOS HERMANOS

Hay un folleto evangelístico llamado "Los dos hermanos." Cuenta una historia acerca de un asesino, condenado a la muerte. Su hermano, que fue muy buena persona, lo amaba tanto que tomó su ropa y fue a morir en su lugar. Dejó su propia ropa con una nota que decía, "Hermano querido, tomé tu lugar hoy. Sólo te pido una cosa: que te pongas mi ropa y vivas como yo vivía." En un sentido, eso es lo que ha hecho Jesús. Murió en nuestro lugar y nos pide que nos vistamos con Su carácter y vivamos como Él.

LEA FILIPENSES 3:8-12

Según Pablo, ¿de dónde viene su justica? (vs. 9)

_____

¿Cómo la obtiene?

_____

Esto no significa que seamos pasivos en el proceso de nuestro crecimiento espiritual. De una manera misteriosa, Dios nos permite participar. Pablo dice, "...sigo adelante, a fin de poder alcanzar aquello para lo cual también fui alcanzado por Cristo Jesús." (Filipenses 3:12, LBLA)

El propósito de este libro es ayudarle a *seguir adelante* para *alcanzar* mayor crecimiento, siempre confiando en el Señor para los resultados.

REPASO

1. El propósito de la vida es:

_____

2. La meta de nuestro crecimiento es:

_____

3. Jesús demuestra el F _____ del

    E_____ S_____.

4. Jesús demuestra el A _____.

5. ¿Cuál es su "descripción de trabajo" como cristiano?

_____

6. Según lo que estudiamos en esta lección, ¿en qué sentido es Ud. una nueva persona en Cristo?

_____

PARA CONVERSAR

1. ¿Cuál parece ser el propósito de la vida de algunos de sus amigos o familiares que no conocen a Jesucristo?

2. Si Ud. está estudiando o trabajando, ¿puede explicar cómo su actividad glorifica a Dios? No piense solamente en cómo Ud. puede testificar de Cristo, sino en cómo el trabajo mismo hace algún aporte a la sociedad. ¿Qué pasaría si Ud. no hiciera su trabajo? Por ejemplo, Si Ud. es una secretaria, ¿cómo es que escribir a máquina le agrada al Señor? ¿Cómo ayuda a otras personas? Si Ud. es mecánico, ¿Por qué Ud. debería arreglar bien los vehículos? Ud. puede apreciar la dignidad de su trabajo, aunque parezca insignificante, haciéndose estas preguntas.

3. ¿Quiénes son los "héroes" que la gente admira hoy en día? ¿Qué diferencia hay entre ellos y Jesucristo?

4. ¿Cree Ud. que a veces convertimos la vida cristiana en un asunto solamente del deber, y que a veces perdemos el gozo? ¿Qué podemos hacer para evitar este problema?

Sección

2

USTED PUEDE CRECER

INTRODUCCIÓN

Antes de crecer, tenemos que reconocer la necesidad de cambios en nuestra vida. Si tratamos de ocultar nuestras debilidades y pecados, jamás los venceremos. Así que el requisito previo para crecer es la sinceridad; debemos ser honestos con nosotros mismos. No tenemos que aparentar nada. En Cristo, somos libres para ser auténticos. Los fariseos trataron de aparentar una santidad, pero Jesús fue muy duro con ellos por su hipocresía.

LEA SANTIAGO 1:22-24.

¿Cuál es el punto de Santiago en este pasaje?

_____

_____

LEA 1 JUAN 1:8-10.

Según Juan, ¿por qué debemos admitir que somos pecadores?

_____

LEA ROMANOS 12:3.

Según este texto, ¿Cómo debe uno pensar acerca de sí mismo?

_____

3

LAS HERRAMIENTAS DEL CRECIMIENTO

El secreto de la victoria sobre el pecado es mantener la vista en el Señor y usar las herramientas que Él nos da.

I. MANTENER LA VISTA EN EL SEÑOR

LEA HEBREOS 12:1-2.

¿Qué figura se usa aquí para describir la vida cristiana?

_____

¿A quién debemos mirar mientras corremos?

_____

¿Por qué? ¿Qué hace Jesús con nuestra fe?

_____

¡No despegue la vista de Jesús nunca! Tal como un atleta tiene que mirar hacia adelante cuando corre, Ud. también tiene que mirar a Jesús. ¡El Espíritu Santo está a su lado animándolo a cada paso! El atleta que empieza a mirar a sus pies o a los competidores tropieza, y Ud. también va a tropezar espiritualmente si quita la vista de Jesús.

LEA 2 CORINTIOS 3:18.

Si miramos a Jesús "cara a cara," ¿qué pasará?

_____

Cuanto más Ud. mira al Señor, más como Él será. Es como un niño que imita a su padre. Por estar tanto con él y observarlo con admiración, se transforma en alguien muy semejante.

II. LOS MEDIOS DE GRACIA

Sin embargo, no somos pasivos en el proceso del crecimiento. La gracia de Dios es como una cascada de agua fresca, pero debemos ponernos debajo del agua. Si realmente confiamos en el Señor, también ocuparemos las herramientas que Él nos ha dado. Estas herramientas han sido llamadas *los medios de gracia*, porque son *canales* que Dios utiliza para entregarnos Su Poder para crecer. Estudiaremos cuatro *medios de gracia*.

LEA 2 TIMOTEO 3:16-17.

¿Cuál es el primer *medio de gracia*?

_____

¿Para qué sirven las Escrituras?

_____

_____

¿Cuál es la meta del estudio de las Escrituras?

_____

LEA EFESIOS 6:18.

¿Cuál es el segundo medio de gracia?

_____

En la oración nos acercamos al trono de Dios.

LEA HEBREOS 4:16.

41

¿Qué obtenemos allí?

_____

LEA 1 CORINTIOS 11:23-26 Y HECHOS 8:36.

¿De qué dos ceremonias hablan estos pasajes?

_____

A estas ceremonias les llamamos los *sacramentos*. Los sacramentos son ceremonias establecidas por el Señor Jesús mismo, y Él nos ordena a observarlas. Nos enseñan verdades *espirituales* a través de símbolos *materiales*.

¿Cuál es el tercer *medio de gracia*? (Use la palabra que incluye las dos ceremonias.)

_____

Piénselo: ¿En qué reunión, o en qué lugar, tenemos acceso a los primeros tres *medios de gracia*?

_____

LEA HEBREOS 10:24-25.

¿Qué no debemos dejar de hacer?, según el versículo 25.

_____

¿Cómo nos ayuda a crecer el compañerismo con los hermanos?, según el versículo 24.

_____

El compañerismo con otros hermanos es el cuarto *medio de gracia*. Ud. puede leer la Biblia y orar solo, pero también necesita escuchar la Palabra *predicada* y *enseñada* en la iglesia, necesita orar *con otros hermanos*, y necesita recibir los sacramentos en la iglesia. Además, una gran parte de nuestro desarrollo tiene que ver justamente con las relaciones con otras personas. El amor puede ser practicado en la iglesia local.

REPASO

1. Para crecer en Cristo debemos:

      a. Mantener _____

      b. Usar _____

2. Anote los cuatro *medios de gracia*:

_____

_____

_____

PARA CONVERSAR

1. ¿Cómo podemos evitar el fariseísmo?

2. ¿Cómo podemos *mantener la vista en el Señor*?

3. ¿Qué diría Ud. a un joven que piensa que no necesita ir a la iglesia porque él estudia la Biblia y ora solo en su casa?

4

EL ENCUENTRO DIARIO CON DIOS

El hecho de que dos personas se ven durante todo el día no necesariamente significa que estén comunicándose bien. A veces tienen que dejar de lado sus actividades normales para conversar tranquilamente. Es así también en nuestra relación con Dios. Él siempre está con nosotros, pero necesitamos un tiempo cada día para darle nuestra atención especial. Hay que desarrollar la costumbre de buscar a Dios, dedicando unos minutos cada día a un diálogo con Él. En esta lección enseñamos cómo tener un *Encuentro Diario con Dios*. Estudie los seis pasos para poder practicarlos después.

Como el ciervo brama por las corrientes de las aguas, Así clama por ti, oh Dios, el alma mía. Mi alma tiene sed de Dios, del Dios vivo; ¿Cuándo vendré, y me presentaré delante de Dios? (Salmo 42:1, 2)

EL LUGAR

Encuentre un lugar privado donde no hay interrupciones ni distracciones, donde Ud. sienta la presencia de Dios. Ocupe el mismo lugar todos los días, si es posible.

LOS DOS PASOS BÁSICOS DEL ENCUENTRO SON:

1. LEER y
2. ORAR

Es un diálogo. El Señor le habla a Ud. a través de la Biblia, y usted le habla a Él a través de la oración.

1. LEA un párrafo o un capítulo de la Biblia con calma, observando con cuidado los detalles.

Podría seguir la lectura del mismo libro de la Biblia, una sección cada día. Podría empezar por ejemplo con el Evangelio de Mateo o Juan y seguir a través de todo el Nuevo Testamento.

MEDITE acerca del contenido del pasaje. Relájese y deje que el Señor le hable.

Para algunas personas, ayuda mantener un cuaderno, anotando lo que el Señor le está enseñando.

Podría usar los siguientes pasos de *Análisis Bíblico* para hacer un estudio del pasaje:

a. **OBSERVAR** los datos. (¿Qué dice?)

b. **INTERPRETAR** el mensaje. (¿Qué significa?)

c. **APLICAR** el mensaje a su propia vida. (¿Qué significa *para mí*?)

Estos pasos serán explicados en otra lección más adelante.

2. ORE acerca de lo que Ud. aprendió y acerca de cualquier otra cosa en su mente.

LA COSTUMBRE

Aunque cada persona es diferente, la mayoría encuentra que es mejor hacer de este ejercicio una costumbre diaria. Como sea, planifique su tiempo para incluirlo como una actividad indispensable, y ¡no lo olvide! Más adelante reconocerá que ha sido una de las decisiones más importantes que jamás ha tomado. ¡Así el Señor cambiará su vida!

Bienaventurado el varón que no anduvo en consejo de malos, ni estuvo en camino de pecadores, ni en silla de escarnecedores se ha sentado; sino que en la ley de Jehová está su delicia, y en su ley medita de día y de noche. Será como árbol plantado junto a corrientes de aguas, que da su fruto en su tiempo, y su hoja no cae; todo lo que hace, prosperará. (Salmo 1:1-3)

REPASO

1. El Encuentro Diario con Dios es un D_____.

2. Anote los dos pasos básicos del *Encuentro Diario con Dios*:

_____

_____

3. Anote los tres pasos del análisis bíblico:

_____

_____

_____

PARA REFLEXIÓN PERSONAL

1. ¿Tiene Ud. la costumbre de tener un *Encuentro Diario con Dios*?
2. Si no, ¿está dispuesto a empezarlo?

PARA CONVERSAR

¿Tiene Ud. otras sugerencias para tener un buen *Encuentro Diario con Dios*?

EJERCICIO IMPORTANTE:

Practique el *Encuentro Diario con Dios* con algún párrafo de la Biblia. Podría empezar con el Evangelio de Juan, estudiando los cinco primeros versículos.

5

¿CÓMO PUEDO APRENDER A ORAR?

Ahora vamos a estudiar los medios de gracia, cada uno en detalle. Comenzaremos con la oración:

La oración no tiene que ser con lenguaje *religioso* o forzado. Debe ser sincero y natural. Orar es simplemente conversar con Dios. Hay distintas maneras de orar; puede incluir los siguientes elementos:

> Alabar a Dios por sus atributos,
> Darle gracias por lo que ha hecho,
> Confesar los pecados, y
> Pedirle las cosas que necesita.

Muchas veces la tendencia es solamente pedir cosas, pero al Señor le agrada también cuando le alabamos, le damos gracias, y confesamos nuestros pecados.

¿Cómo explicaría Ud. la diferencia entre alabar a Dios y darle gracias?

_____

LEA MATEO 6:5-15.

En los versículos 5-7, Jesús menciona dos problemas que tienen los hipócritas, referente a la oración.

¿Cuáles son?

_____

_____

Según el versículo 8, ¿Por qué no tenemos que usar repeticiones y muchas palabras?

_____

Fíjese en la oración modelo del Señor: está totalmente centrada en Dios. Por ejemplo, pide que *Su* nombre sea "santificado", que *Su* reino venga, que se haga *Su* voluntad.

Conteste las siguientes preguntas para analizar el significado de cada frase de la oración:

a. "Padre nuestro que estás en los cielos"

¿Qué importancia tiene el hecho de que Dios es nuestro *padre*?

_____

¿Qué importancia tiene la palabra *nuestro*?

_____

b. "Santificado sea tu nombre."

¿Qué significa esta frase? ¿Cómo se *santifica* el *nombre* de Dios?

_____

NOTA: *Santificar* algo significa apartarlo para algún uso sagrado, o hacerlo santo. Además, el *nombre* de una persona representa su *carácter, o su fama*. Decimos que alguien tiene un *buen nombre*. Por lo tanto, *santificar el nombre* de Dios significa hacer que Dios tenga una buena reputación. En la oración, se pide que Dios haga que Él mismo sea honrado.

c. "Venga tu reino."

¿Qué es el *Reino de Dios*? ¿Qué cosas están incluidas en un *reino*? Por ejemplo, ¿qué cosas están incluidas en una *nación*?

_____

_____

¿Qué significa que el Reino de Dios *venga*?

_____

_____

Nota: Cada vez que alguna persona acepta a Cristo como su Señor, el Reino de Dios *viene*. Cada vez que se cumple la voluntad de Dios, Su Reino *viene*.

d. "Hágase tu voluntad, como en el cielo, así también en la tierra."

¿Cómo se hace la voluntad de Dios en el cielo?

_____

_____

e. "El pan nuestro de cada día, dánoslo hoy. "

¿Qué tipo de cosas se pide en esta frase? ¿Qué representa el pan?

_____

¿Qué importancia tiene la frase "de cada día"?

_____

f. "Perdónanos nuestras deudas como también nosotros perdonamos a nuestros deudores."

¿Cuáles son nuestras *deudas*? (Ver otras traducciones.)

Según Mateo 6:14 y 15, ¿Qué pasa si no perdonamos a los demás?

_____

g. "No nos metas en tentación, mas líbranos del mal."

Además de pedir perdón, pedimos que el Señor nos ayude a vencer el pecado.

¿Cómo entiende Ud. la frase, "no nos metas en tentación"?

_____

h. "Porque tuyo es el reino, y el poder, y la gloria, por todos los siglos."

¿Qué importancia tiene esta frase? ¿Cómo está relacionada con el resto de la oración?

_____

_____

NOTA: Esta frase presenta el _argumento_, por decirlo así. Da la razón por lo cual Dios debería conceder las peticiones anteriores: porque el reino, el poder y la gloria son de _Él_.

i. "¡Amén!"

¿Qué significa esta palabra para usted?

Nota: "Amen" significa literalmente que "¡Así sea!", expresando confianza en el Señor, que Él va a escuchar la oración.

LEA JUAN 14:13, 14.

¿En nombre de quién debemos orar?

Orar "en el nombre de Jesús" no es una frase *mágica* que debemos repetir al final de una oración, garantizando que será contestada (aunque es legítimo decir la frase así al final), sino una *actitud* con la cual debemos orar. Es el motivo de la oración: la gloria del Señor. Pedir algo "en el nombre de Jesús" significa pedir algo por Su causa.

Supongamos que un niño quiere construir una casita de madera donde su hermano puede jugar. Posiblemente vaya al padre para pedir las herramientas, diciendo, "Por favor, papá, es para mi hermano." Eso sería pedir algo *en el nombre de* su hermano.

LEA 1 JUAN 5:14.

¿Cómo podemos estar seguros de que estamos pidiendo algo "conforme a su voluntad"? Es decir, ¿dónde encontramos escrito lo que es Su voluntad?

Debemos estudiar la Palabra para conocer Su voluntad. Si encontramos que nuestra petición está conforme a Su voluntad expresada en la Biblia, sabemos que estamos orando "en el nombre de Jesús", y que Dios nos va a contestar.

LEA HEBREOS 10:19-22.

¿Por qué podemos orar con confianza?

_____

Dios **no** concede nuestras peticiones por algún mérito nuestro, sino sólo por los méritos de Jesús. Siendo lavados por su sangre, podemos entrar en la presencia de Dios en cualquier momento, en cualquier lugar, con la conciencia limpia. No necesitamos otro mediador; podemos orar directamente al Padre.

LEA 2 CORINTIOS 12:7-10.

¿Qué problema tenía Pablo?

_____

NOTA: Algunos piensan que esto fue un problema físico, quizás un defecto en los ojos.

¿Cuántas veces pidió que el Señor le quitara el "aguijón?"

_____

¿Cuál fue la respuesta de Dios?

_____

Entonces, ¿El Señor siempre nos da lo que pedimos?

A veces el Señor no concede nuestra petición porque no sería lo mejor para nosotros. Quizás tiene otro plan, o posiblemente no sea el momento.

LEA MATEO 26:39-42.

¿Qué pidió Jesús?

_____

¿Qué cláusula puso después de su petición cada vez?

_____

Deberíamos siempre orar con esta actitud, de que Dios haga Su voluntad.

REPASO

1. Anote los cuatro posibles elementos de la oración.

_____

_____

2. ¿Qué significa orar "en el nombre de Jesús"?

_____

3. ¿Cómo podemos estar seguros de que estamos orando "en Su nombre"?

_____

4. ¿Por qué a veces Dios no concede lo que pedimos?

_____

EJERCICIO

Prepare una petición de oración, buscando fundamentos bíblicos.

Anote primero lo que quiere pedir. Recuerde que el énfasis en la oración modelo de Jesús está en los aspectos espirituales, más en los aspectos materiales.

_____

Ahora, usando una *concordancia*, notas en una Biblia de estudio, o algún software bíblico, busque pasajes bíblicos para apoyar esta petición. ¿Hay promesas? Anótelas:

_____

_____

_____

¿Cuáles son los atributos de Dios que le hacen pensar a Ud. que Dios va a conceder su petición?

_____

_____

Anote cualquier otra verdad bíblica o algún hecho histórico que le
da más confianza en que Dios realmente le va a contestar:

_____

_____

_____

¡Ahora Ud. puede orar con fe! Si ha encontrado fundamentos
bíblicos, Ud. sabe que está orando "en el nombre de Jesús", y que
Ud. puede confiar en Él para contestar.

Tenga cuidado en no tratar de _manipular_ a Dios. Él es libre para
contestar o no contestar nuestras oraciones, y lo hace en el
momento que _Él_ estima mejor. Este ejercicio es para hacer que
nuestras oraciones sean más bíblicas, y que oremos con más fe. Sin
embargo, de ninguna manera debemos pensar en Dios como si
fuera obligado a conceder nuestras peticiones. Dios es el dueño del
universo que hace siempre lo que a _Él_ le parece correcto.

Si le gustaría analizar otras oraciones en la Biblia para ver cómo
presentar sus peticiones, vea los siguientes pasajes: Génesis 18:16-
33, Números 14:1-19, Salmo 25, Filipenses 1:3-11, y Colosenses 1:3-
14.

6

¿CÓMO PUEDO ESTUDIAR LA BIBLIA POR MÍ MISMO?

INTRODUCCIÓN

Una de las bendiciones más lindas de la vida cristiana es aprender a estudiar la Biblia por sí mismo. Ud. puede descubrir verdades profundas, pautas para su vida, y consuelo en un momento triste. Ud. no tendrá que depender siempre de las ideas y enseñanzas de otras personas.

LEA HECHOS 17:11.

¿Por qué eran *más nobles* los hermanos de Berea?

_____

LEA JUAN 8:31, 32.

Según este pasaje, ¿Por qué debemos estudiar la Palabra de Dios?

_____

LEA 2 PEDRO 1:19-21.

¿Por qué es un libro especial la Biblia? ¿Quién es el autor?

_____

LEA 2 TIMOTEO 3:16-17.

¿Para qué es útil la Biblia?

_____

_____

En esta lección ofreceremos un método para hacer un análisis de un pasaje bíblico. Se puede usar para el *Encuentro Diario con Dios*, posiblemente estudiando el mismo pasaje durante toda una semana, o también para preparar una clase, un estudio bíblico, o un mensaje. Lea con cuidado los pasos, y después haga el ejercicio para practicarlos:

TRES PASOS DEL ANÁLISIS BÍBLICO

I.   OBSERVACIÓN

(Leerlo con cuidado.)

II.   INTERPRETACIÓN

A. Hacerse preguntas

B. Buscar las respuestas

1. En la Biblia

2. En otros libros de estudio bíblico

III. APLICACIÓN

(Anotar aplicaciones concretas.)

1. Una promesa,

2. Una enseñanza,

3. Un principio ético, o

4. Un ejemplo.

¿Cuáles son los tres pasos básicos?

O _____

I _____

A _____

¿Cuál de los tres pasos...

    a. ...busca los detalles del contenido?

    _____

    b. ...busca el significado del pasaje?

    _____

    c. ...busca la importancia del texto en su vida
       actual?

    _____

¿Cuáles son las dos subdivisiones mayores del paso de la *Interpretación*?

    a) _____

    b) _____

¿Cuáles son las dos fuentes para buscar las respuestas?

1) _____

2) _____

Anote las cuatro posibles clases de aplicación:

a. _____

b. _____

c. _____

d. _____

EJERCICIO

Practique los tres pasos de estudio con Juan 3:16.

(Orar primero)

I. OBSERVACIÓN

Escriba el versículo *en sus propias palabras*:

_____

_____

_____

II. INTERPRETACIÓN

A. Anote sus preguntas:

_____

_____

_____

_____

Otras sugerencias:
>   ¿Qué significa la palabra *mundo* aquí?
>   ¿Qué significa que Jesús es el *hijo unigénito*?
>   ¿En qué forma Dios lo *dio*?
>   ¿Qué se necesita para ser salvo?
>   ¿Qué significa *creer* en Él?
>   ¿Qué significa tener la *vida eterna*?
>   ¿Cuándo comienza la vida eterna?
>   ¿Este versículo enseña que todos serán salvos?

B. Busque respuestas:

Según la pregunta que Ud. tenga, Ud. puede hacer uno o más de los siguientes estudios:

1. Lea los pasajes de la Biblia que están alrededor del texto que está estudiando.

2. Use una *Concordancia* o las *referencias* en su Biblia (en el margen o al pie de la página) para buscar otros textos que pueden ayudar.

Por ejemplo, busque en la *Concordancia* la palabra *mundo*, o la palabra *vida*, y vea cómo se usan estas palabras en otros pasajes.

3. Busque palabras en un diccionario de la lengua española, en un diccionario bíblico, o en un programa de software bíblico.

4. Ud. puede investigar lo que dicen los comentarios. (Converse con su pastor para ver cuáles son los libros que él recomienda.) También podría usar comentarios en el Internet o en software bíblico.

Anote sus ideas:

_____

_____

_____

III. APLICACIÓN.

Después de meditar acerca de las necesidades en su propia vida, en su familia, en su iglesia y en el mundo, busque:

   1. Una promesa,
   2. Una enseñanza,
   3. Un principio ético, o
   4. Un ejemplo.

Anote la aplicación. Que sea algo específico, no demasiado vago o general. Piense en cambios en la manera de pensar, la manera de actuar, y la manera de sentir. Piense en "mente, manos, y corazón."

_____

_____

_____

¡Muy bien! Ud. encontró mucho más en este versículo de lo que había pensado, ¿verdad? Ahora, termine el estudio con un momento de oración.

REPASO

Anote los pasos del análisis bíblico:

I. _____

II. _____

  A. _____

  B. _____

    1. _____

    2. _____

III. _____

    1. _____

    2. _____

3. _____

4. _____

PARA CONVERSAR

1. Comparta lo que Ud. descubrió en el estudio de Juan 3:16.

2. Comparta lo que Ud. aprendió acerca del estudio bíblico.

7

¿QUÉ SIGNIFICAN LOS SACRAMENTOS?

Los sacramentos son ceremonias instituidas por el Señor Jesucristo para enseñar las promesas del evangelio con símbolos visibles y tangibles. Los protestantes hablan solamente de dos sacramentos, el Bautismo y la Santa Cena, que reemplazan la circuncisión y la pascua del Antiguo Testamento, respectivamente.

I. LA CIRCUNCISIÓN

LEA GÉNESIS 17:10-14.

Circuncidar es cortar la carne alrededor del órgano sexual del niño. ¿Quiénes tenían que ser circuncidados? (versículo 10)

_____

¿A qué edad? (versículo 12)

_____

¿De qué era señal este rito? (versículo. 11)

_____

El "pacto" era el acuerdo entre Dios y Su Pueblo. Dios prometió a Abraham varias cosas en el pacto: (a) un país; la tierra de Canaán, (b) un pueblo; un gran número de descendientes, (c) el poder; la nación iba a ser fuerte, y (d) Su Presencia; Dios iba a estar con ellos (Ver Génesis 12:1-3). En cambio por estas bendiciones, Dios pidió fe y obediencia. Circuncidar a los niños significaba que pertenecían al Pueblo de Dios, que tenían derecho a los beneficios del pacto, y que los padres prometían cumplir la voluntad de Dios.

II. LA PASCUA

LEA ÉXODO 2: 1-14.

"Pascua" viene de una palabra en hebreo que significa literalmente "pasar por alto," y tiene su origen en los acontecimientos relacionados con el éxodo. Para que el faraón permitiera que Israel saliera de Egipto, Dios mandó diez plagas. La última era la muerte de todos los primogénitos. Pero Dios quiso salvar a los judíos de esta plaga. Por lo tanto, les dio instrucciones de este rito de la pascua.

¿Qué tenían que matar? (versículo. 3)

_____

¿Qué hacían con su sangre? (versículo. 7)

_____

¿Qué hacían con la carne? (versículo. 8)

_____

¿Qué pasaba donde había sangre en la puerta? (versículos 12 y 13)

_____

Israel debería celebrar la Pascua todos los años. La ceremonia les recordaba de la salvación de sus hijos en ese día antes del Éxodo.

III. EL BAUTISMO

LEA MATEO 28: 18-20.

Según este pasaje, ¿A quiénes deberían bautizar?

Nota: Esto incluye a las mujeres. Mientras en el Antiguo Testamento, sólo los hombres podían ser circuncidados (como representantes de toda su familia), ahora las mujeres también reciben la señal del pacto.

LEA ROMANOS 6:1-4.

Según este pasaje, ¿Qué simboliza el bautismo?

LEA GÁLATAS 3:26-29.

¿Qué simboliza el bautismo?, según este pasaje.

RESUMEN DEL BAUTISMO

El bautismo representa las promesas del evangelio. No asegura la salvación de la persona bautizada, como si fuera una ceremonia *mágica*. El bautismo simboliza el lavamiento del pecado, nueva vida en Cristo, y el ungimiento del Espíritu Santo. **El énfasis especial de este sacramento está en la recepción pública en la familia cristiana.** Cuando uno es bautizado, indica que ha sido incluido en Su Pueblo, con todos los beneficios del pacto, tal como la circuncisión lo simbolizaba en el Antiguo Testamento.

IV. LA SANTA CENA

LEA MATEO 26:26-29.

¿Qué representa el pan?

_____

¿Qué representa el vino?

_____

LEA 1 CORINTIOS 11:23-34.

¿Qué debería hacer cada uno antes de participar? (versículo. 28)

_____

¿Qué debería discernir? (versículo. 29)

_____

RESUMEN DE LA SANTA CENA

La Santa Cena simboliza muchas cosas a la vez: la muerte de Cristo por nuestros pecados, la unidad de los creyentes, nuestra dependencia del Señor, que Él vive en nosotros, y la futura cena celestial con Él. _El énfasis especial de este sacramento está en recordar la muerte de Cristo por nosotros._

Los católicos creen que el pan y el vino realmente se convierten en el cuerpo y la sangre de Cristo al entrar la boca del creyente. Los protestantes creemos que el pan y el vino son símbolos, pero símbolos especiales. Fueron elegidos por el Señor para comunicar algo especial. Tal como la Biblia contiene *palabras* que son símbolos especialmente escogidos por Dios para revelar Sus pensamientos, los sacramentos contienen símbolos visibles y tangibles para revelar las verdades del evangelio. Además, creemos que el Espíritu Santo está presente al administrar el sacramento para que los creyentes reciban la bendición.

Decimos que los sacramentos son *señales y sellos* de Su Gracia porque simbolizan las promesas de la salvación y tienen el *sello oficial* de Dios mismo. Es decir, Dios mismo manda a practicar estos sacramentos y Él mismo promete bendecirnos al hacerlo.

REPASO

1. ¿Qué es un sacramento?

_____

2. ¿Qué simboliza el bautismo? (Mencione el énfasis especial.)

_____

3. ¿Qué ceremonia del Antiguo Testamento es reemplazado por el bautismo?

_____

4. ¿Qué simboliza la Santa Cena? (Mencione el énfasis especial.)

_____

5. ¿Qué ceremonia del Antiguo Testamento es reemplazado por la Santa Cena?

_____

PARA CONVERSAR

1. ¿En qué manera la Santa Cena representa lo mismo que la pascua del Antiguo Testamento?

2. ¿En qué manera el bautismo representa lo mismo que la circuncisión?

3. ¿Qué otras verdades puede ver Ud. en los símbolos del bautismo y de la Santa Cena?

8

¿Cómo Puedo Saber la Voluntad de Dios?

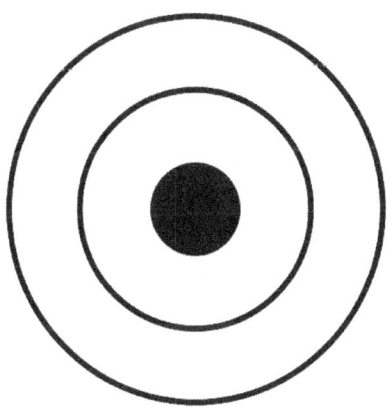

INTRODUCCIÓN

Existe mucha confusión en cuanto a cómo Dios nos dirige para tomar decisiones. Por ejemplo, si buscas un auto usado y ves uno con una calcomanía cristiana, eso no significa necesariamente que Dios esté diciendo que es el auto que debe comprar. Que la lujosa casa de al lado esté en venta no significa que Dios le esté diciendo que la compre, especialmente si está fuera de sus posibilidades. Si una joven solicita ingreso a varias universidades, la primera carta de aceptación que recibe no es necesariamente un mensaje de Dios indicándole dónde debe estudiar. Vamos a examinar algunos principios para conocer la voluntad de Dios, para ayudarle a evitar errores.

Podríamos hablar de dos círculos concéntricos:

A. EL PRIMER CÍRCULO

LEA 2 TIMOTEO 3:16-17 Y SALMO 119:9-11.

¿Cómo nos guía el Señor?, según estos pasajes.

_____

El primer círculo es el más importante, porque define los límites entre el pecado y la obediencia. Lo que Dios ha mandado en Su Palabra es el área dentro del círculo. Si estamos obedeciendo estos mandatos y estos principios, estamos haciendo algo éticamente correcto.

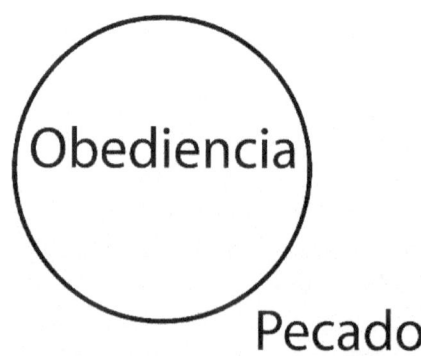

Por lo tanto, para conocer la voluntad de Dios en su vida, lo primero que Ud. debería hacer es:

1) Orar, y
2) Estudiar la Biblia.

Si Ud. obedece los principios bíblicos, está dentro del primer círculo. Por ejemplo, no tiene que vacilar acerca de si debe robar dinero de la caja en su lugar de trabajo o hacer trampa en una prueba en la escuela, porque la Biblia prohíbe robar y mentir.

B. EL SEGUNDO CÍRCULO

Sin embargo, la Biblia no nos dice exactamente qué debemos hacer en cada situación. Por ejemplo, es claro que debemos casarnos con un creyente, pero ¡no dice con cuál! Nos indica que debemos cuidar nuestro cuerpo, pero no dice qué debemos comer para almuerzo hoy. La Biblia no dice qué carrera debería estudiar, ni dónde. Decisiones como estas son muy importantes, pero no escuchamos ninguna voz del cielo, y a veces no estamos seguros de lo que el Señor quiere de nosotros.

LEA FILIPENSES 1:9-11.

En el versículo 10, dice que debemos aprender a discernir y escoger lo M_____.

LEA 1 CORINTIOS 6:12.

¿Qué distinción se hace en este texto?

_____

LEA SANTIAGO 1:5.

¿Qué podemos pedirle a Dios para tomar buenas decisiones?

_____

Como nuestro Padre Celestial, Él nos dirige a tomar una decisión sabia que nos conviene, que es la mejor entre varias alternativas permitidas. Esto es el segundo círculo dentro del círculo más grande. En el primer círculo, el Señor nos guía (¡nos manda!) de acuerdo con Su Ley; en el segundo círculo, nos guía de acuerdo con Su Buen Consejo. En el primer círculo Dios nos indica lo que es la justicia y el deber; en el segundo círculo nos indica lo que es sabio, lo que conviene más. Si no obedecemos lo primero, hemos pecado; si no seguimos lo segundo, no hemos pecado necesariamente, pero no hemos hecho lo más sabio.

Por ejemplo, es bueno ayudar a todo tipo de personas, pero no conviene donar a cualquier organización ni a cualquier persona que pida ayuda. Hay que ser prudente. Aquí entramos en el segundo círculo.

El Señor usa distintos medios para guiarnos hacia una decisión sabia.

Veamos cuatro formas en que nos guía. Lea los pasajes y anote lo que Dios utiliza para guiarnos:

LEA SANTIAGO 1:5.

_____

LEA SALMO 119:105.

_____

Cuando hablamos del primer círculo, recomendamos leer la Biblia para buscar Sus mandamientos. Ahora Ud. puede leerla para encontrar principios de sabiduría. Por ejemplo, la Biblia indica que la persona con quien se casa no solamente debe ser cristiana (2 Corintios 6:14-15), sino que también debe tener buen carácter, que sea de ayuda espiritual, que no sea un obstáculo en su relación con Dios. Ud. podría hacer un estudio de los Proverbios, por ejemplo, para saber más acerca del buen carácter de un marido o de una esposa. Podría estudiar 1 Corintios 13 para aprender más acerca del amor, y Gálatas 5:22-23 acerca del fruto del Espíritu.

LEA PROVERBIOS 11:14.

Anote la tercera forma en que Dios nos guía para tomar una decisión sabia:

_____

Pida consejo a sus amigos y familiares cristianos que son maduros y sabios. A veces ellos se dan cuenta de que "realmente son una buena pareja," o de que "esto no va a resultar". Por supuesto, ellos pueden equivocarse, pero su opinión puede ayudar mucho en la toma de una decisión.

LEA FILIPENSES 1:9-11.

Según el versículo 9, ¿qué nos ayudará a discernir y escoger lo que es mejor y más sabio?

_____

Es decir, para vivir correctamente, debemos AMAR;
y para amar correctamente, ¡necesitamos CONOCIMIENTO!

Es necesario tener conocimiento de la situación, de uno mismo, y de otras personas involucradas. Por ejemplo, para decidir una carrera, hay que considerar los dones y las capacidades que uno tiene. Para decidir dónde vivir, debe considerar factores como su trabajo, su familia, los costos, y si hay una buena iglesia cerca. Para elegir a qué iglesia asistir, debe considerar aspectos como si la enseñanza es bíblica y práctica, si el servicio de adoración se realiza "en Espíritu y en verdad", si hay buen compañerismo, y si las actividades de la iglesia reflejan una perspectiva bíblica del ministerio cristiano. Para tomar alguna decisión sabia, necesita examinar los detalles de la situación. No puede examinarlo todo, por supuesto, y debe evitar enredarse en detalles que no son importantes. Sin embargo, necesita tomar tiempo para pensar seriamente en las decisiones importantes.

En resumen, hay cuatro elementos que el Señor usa para dirigirnos hacia una decisión sabia:

a. La oración,
b. La Palabra,
c. El consejo de otros, y
d. El conocimiento de la situación.

C. EL PUNTO

LEA 1 CORINTIOS 14.20

Según este pasaje, ¿cómo debemos pensar?

_____

Debemos aclarar que puede haber muchas decisiones "correctas" dentro del primer círculo, y también puede haber varias alternativas "sabias" dentro del segundo círculo. Es decir, a veces el Señor nos deja con varias alternativas buenas. Supongamos, por ejemplo, que le cuesta decidir entre dos carreras. Ud. ha orado, ha estudiado la Biblia, ha pedido consejo, ha considerado los datos de la situación, y todavía quedan dos alternativas. En este caso, Ud. tiene libertad para elegir según su propia preferencia.

Muchas decisiones pequeñas diarias son así. Por ejemplo, uno no tiene que afligirse decidiendo qué marca de pasta de dientes debería comprar. Si hay varias marcas que son sanas, y de un buen precio, ¡elija la que le gusta más!

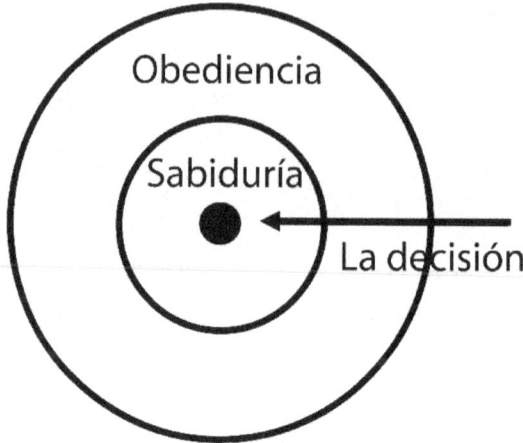

Es importante explicar esto, porque a veces los cristianos se paralizan en el proceso de tomar una decisión. Llegan al segundo círculo de sabiduría y no pueden seguir, porque están esperando alguna señal especial. Es posible que el Señor le indique de alguna manera especial, por no es tan frecuente. Normalmente, especialmente en las decisiones de menor importancia, nos guía hasta la zona de sabiduría y nos permite escoger según nuestra preferencia.

Con estas pautas, no hemos dicho todo acerca de cómo el Señor nos guía. Lo importante es que nunca nos dirige a hacer algo en contra Su Palabra y los principios de ética y sabiduría establecidos en ella.

REPASO

1. Normalmente Dios nos guía en dos sentidos:

      a. Nos indica lo que es la O _____

      b. Nos guía hacia la S _____

2. Explique lo que es el "primer círculo."

_____

_____

3. Explique lo que es el "segundo círculo."

_____

_____

4. Si el Señor permite varias alternativas sabias, ¿cómo tomamos la decisión final?

_____

5. Anote los medios que Dios usa para dirigirnos a una decisión sabia:

      a. _____

      b. _____

c. _____

d. _____

PARA CONVERSAR

1. ¿Qué le parece la explicación de cómo Dios nos guía? ¿Está de acuerdo? ¿Le ayuda?

2. Comparta con los demás alguna decisión difícil que Ud. ha tomado, y cómo el Señor le guió.

3. ¿Está de acuerdo con la idea de que a veces el Señor no nos muestra claramente el "punto", sino que nos muestra varias alternativas sabias?

9

¿Cómo Puedo Ser Lleno del Espíritu Santo?

Para poder ministrar a otras personas, necesitamos que el Espíritu Santo esté operando en nosotros y a través de nosotros. Sin entrar en la discusión de algunos de los puntos más problemáticos, esta lección da algunas pautas básicas.

LEA ROMANOS 8:9 Y 1 CORINTIOS 12:13.

¿Todos los creyentes tienen el Espíritu Santo? _____

Si Ud. tiene a Cristo, Ud. tiene el Espíritu de Cristo, quien es el Espíritu Santo. Él operó en nuestro corazón para darnos fe en Cristo, y desde nuestra conversión, está guiándonos y santificándonos.

Todos los creyentes tienen el Espíritu Santo, pero no todos son llenos del Espíritu. ¿Qué significa ser "lleno del Espíritu Santo?" Obviamente, ¡no significa que uno pueda tener una parte de Él, y después recibir el resto! Es una frase que describe la cualidad más que la cantidad. Indica que uno está bajo su influencia.

La frase se usa en dos sentidos en la Biblia: como una *característica* de una persona, y como una *experiencia*. (En el griego el primer uso se expresa en forma de un *adjetivo* y el segundo uso se expresa en forma de un *verbo* en la voz pasiva.)

RESUMEN: Ser "lleno del Espíritu Santo" es una frase

que tiene dos sentidos:

    como una C _____, y

    como una E _____.

A. COMO CARACTERÍSTICA

LEA HECHOS 6:3.

¿Cómo debían ser los diáconos?

_____

LEA HECHOS 11:24.

¿Cómo se describe a Bernabé?

_____

En estos dos casos, ser "lleno" del Espíritu significa madurez espiritual. Estos hombres mostraban el fruto del Espíritu (amor, gozo, paz, paciencia, benignidad, bondad, fe, mansedumbre y templanza, Gálatas 5.22-23). Fíjese que esta descripción no era algo del momento, sino una característica de ellos.

En el griego, la palabra "llena" en estos casos es un adjetivo. Tal como una persona puede ser "alta," "bonita," y "simpática," también puede ser una persona "llena del Espíritu Santo."

RESUMEN: Ser "**lleno** del Espíritu" en el sentido de una **característica** significa demostrar

M _____ E _____,

es decir, significa mostrar el fruto del Espíritu.

¿Cómo puede Ud. ser lleno del Espíritu en este sentido? Tiene que seguir las pautas que hemos estado estudiando para crecer espiritualmente, usando los medios de la gracia.

B. COMO EXPERIENCIA

Además de ser una característica, ser "lleno" del Espíritu Santo es también una experiencia por la cual Dios capacita a sus hijos para ciertas tareas del ministerio. En estos casos la frase dice literalmente "llenado," y es un verbo (en voz pasiva). Tal como una persona puede ser "llevada," o "ayudada" por alguien, también puede ser "llenada del Espíritu Santo." (Desafortunadamente, algunas de las traducciones de la Biblia no comunican claramente esta idea, pero está claro en el griego, idioma en que el Nuevo Testamento fue escrito originalmente.)

Lea los siguientes pasajes para identificar el ministerio realizado cuando la persona fue "llenada" por el Espíritu Santo:

ÉXODO 31:3-4

Persona: _____

Ministerio: _____

MIQUEAS 3:8

Persona: _____

Ministerio: _____

LUCAS 1:11-17

_____

_____

LUCAS 1:41-42

_____

_____

LUCAS 1:67

_____

_____

HECHOS 2:4

_____

_____

HECHOS 4:8

_____

_____

HECHOS 4:31

_____

_____

HECHOS 9:17

_____

_____

HECHOS 13:9

_____

_____

Fíjese que la misma persona puede ser "llenada" repetidas veces para distintas tareas. Por ejemplo, Pablo fue llenado en Hechos 9:17 y otra vez en Hechos 13:9. Pedro fue llenado varias veces (Hechos 2:4, 4:8 y 4:31). Esta experiencia es para una ocasión específica y no es una plenitud permanente.

RESUMEN: Ser "**llenado** del Espíritu" en el sentido de una **experiencia**

significa que Dios C _____ a alguien para alguna
T _____ especial del ministerio.

¿Qué puede hacer Ud. para ser llenado por el Espíritu en este sentido? El Señor le va a dar esta experiencia cuando _Él_ quiere. Sin embargo, Ud. puede pedir esto en oración, y puede hacerse disponible para recibir esta plenitud, ministrando a otros. Es decir, cuando Ud. empiece a ayudar a otros, probablemente va a necesitar esta ayuda especial del Espíritu, y Él se la dará. Por ejemplo, Él puede darle un deseo fuerte de compartir su fe con alguien, o quizás una claridad de pensamiento especial para explicar el evangelio. A veces uno se da cuenta de que fue llenado por el Espíritu por los resultados que ve. Posiblemente alguien se convirtió o superó algún problema.

Es importante reconocer que no todos tienen las mismas experiencias al ser llenados del Espíritu. Por ejemplo, no todos son maestros y no todos hablan en lenguas. Así como el Señor nos da diferentes dones, también nos llena del Espíritu para diferentes propósitos. La Biblia enseña que los dones más importantes son los que edifican la Iglesia, y que todo ministerio debe realizarse con amor.

LEA 1 CORINTIOS 12:27-13:1 y 14:1.

Podríamos dibujar lo que hemos explicado de la siguiente manera:

La Plenitud del Espíritu

3. "LLENADO" DEL ESPÍRITU:
El creyente puede tener repetidas experiencias de ser capacitado para un ministerio especial.

2. "LLENO" DEL ESPÍRITU:
Un creyente crece espiritualmente, mostrando el fruto del Espíritu, llegando a ser más como Cristo.

1. RECIBE EL ESPÍRITU:
Una persona es regenerada por el Espíritu Santo, y en su conversión, recibe el Espíritu para guiarlo y santificarlo.

Primero, cada creyente recibe el Espíritu cuando se convierte. Esto es simbolizado con el corazón blanco, indicando que es limpio y perdonado. La curva representa el crecimiento en madurez, siendo más "lleno" del Espíritu. Las "X" representan momentos en que la persona es "llenada" por el Espíritu Santo para un ministerio especial. Los dos aspectos son distintos, y no dependen el uno del otro. Alguien puede ser muy inmaduro y recibir el Espíritu para un ministerio especial. Por el otro lado, alguien puede ser muy maduro y no tener esta experiencia. Sin embargo, un cristiano normalmente experimenta la plenitud del Espíritu en los dos sentidos; mientras va creciendo en madurez, también experimenta la obra especial del Espíritu para ayudarle con algún ministerio.

REPASO

1. ¿Todos los cristianos tienen el Espíritu Santo?

_____

2. La frase "ser lleno del Espíritu" tiene dos sentidos. Identifique y explique cada uno:

_____

_____

PARA CONVERSAR

1. ¿Ud. ha tenido la experiencia de ser "llenado" del Espíritu Santo para testificar del evangelio o realizar algún otro ministerio? Cuente su experiencia.

2. ¿Tiene alguna duda acerca del Espíritu Santo y Su ministerio? Explique.

Sección

3

USTED PUEDE AYUDAR A OTROS

INTRODUCCIÓN

En las lecciones anteriores estudiamos algunos aspectos del crecimiento personal del cristiano. La meta es llegar a tener el carácter de Jesús. Para acercarse a esto, hay que hacer buen uso de las herramientas del crecimiento: la Palabra, la oración, los sacramentos, y el compañerismo.

Sin embargo, el crecimiento verdadero también nos capacita para ayudar a otros. Es decir, el crecimiento no solamente llena el "estanque espiritual" del individuo, sino que lo prepara para ministrar a otros. Cada creyente es un "ministro". En las siguientes lecciones estudiaremos distintos aspectos del ministerio de los cristianos y de la Iglesia. Queremos llegar a ser como Jesús, no solamente en Su carácter, sino también en Su manera de ayudar a otros.

LEA MATEO 28:19-20.

Estos versículos han sido llamados "La Gran Comisión". ¿Qué incluye?

_____

¿Qué nos da confianza que nuestros esfuerzos para cumplirla darán fruto?

_____

LEA 2 TIMOTEO 2:2.

¿Qué le pide Pablo a Timoteo?

Fíjese que esto incluye cuatro *generaciones* de enseñanza. Jesús enseña a Pablo, Pablo enseña a Timoteo, Timoteo enseña a otros, y ellos también enseñan a otros. ¡Así debe ser! Es un proceso de multiplicación.

10

El Ministerio de Cada Creyente

En esta lección se presentan los distintos aspectos del ministerio de cada creyente.

LEA JUAN 17:18 Y 20:21.

Según estos versículos, ¿por qué Dios nos ha colocado en este mundo?

_____

Como mencionamos previamente, debemos continuar el ministerio de Jesús en este mundo. Por supuesto no podemos morir por los pecados del mundo, pero sí podemos servir al Padre y amar a nuestro prójimo.

Veamos algunos aspectos del ministerio de Jesús:

Busque los siguientes pasajes y anote qué aspectos del ministerio se mencionan:

MATEO 9:35 (Hay tres.)

_____

_____

_____

MATEO 11:25

_____

MARCOS 1:35

_____

MATEO 26:20, 26-29 (Hay dos.)

_____

Podríamos resumir el ministerio de Jesús en los siguientes términos:

      (1) La adoración (Mateo 11.25),
      (2) La oración (Marcos 1.35),
      (3) La enseñanza (Mateo 9.35),
      (4) Los sacramentos (Mateo 26.26-29),
      (5) La evangelización (Mateo 9.35),
      (6) El servicio (Mateo 9.35, sanando), y
      (7) El compañerismo (Mateo 26.20).

Es interesante ver cómo los discípulos también hacían los mismos siete aspectos del ministerio.

LEA HECHOS 2:42-47 Y 4:31-35.

Anote la frase o el número del versículo que sugiere el ministerio que corresponde:

1) La adoración

_____

2) La oración

_____

3) La enseñanza

_____

4) Los sacramentos

_____

5) La evangelización

_____

6) El servicio (ayudar a los necesitados)

_____

7) El compañerismo (estar juntos)

Para visualizar estos siete aspectos, podríamos usar la figura de una cruz, simbolizando el hecho de que el ministerio de Jesús es el ministerio de cada creyente.

EL MINISTERIO

La cabeza mira hacia Dios en *oración* y en *adoración*. Los pies están parados en el fundamento de la *enseñanza* de la Palabra y en los *sacramentos*. Los brazos extienden hacia el mundo para *servir* y para *evangelizar*. Note que el servicio también es un ministerio dirigido a los miembros de la iglesia, no solamente al mundo. En el medio nos juntamos para cooperar en estas tareas y para animarnos mutuamente con nuestro *compañerismo*.

Si falta algún aspecto, el ministerio es incompleto. Tal como el pan "integral" es sano porque contiene las vitaminas naturales de todo el grano, un ministerio completo es más sano.

REPASO

Haga Ud. el dibujo de la cruz con los siete aspectos del ministerio:

PARA CONVERSAR

1. ¿Cuáles son los aspectos del ministerio más fuertes en su vida?

2. ¿Los más débiles?

3. ¿Cuáles son los aspectos más fuertes en su iglesia local?

4. ¿Los más débiles?

5. ¿Qué puede Ud. hacer para tener un ministerio más *integral* en su vida?

6. ¿Qué puede hacer para que su iglesia local tenga un ministerio más *integral*?

11

¿Cuáles Son Mis Dones?

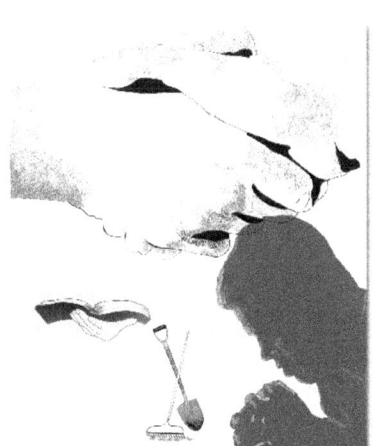

Aunque todos los creyentes deberían participar en todos los aspectos del ministerio *integral* (la adoración, la oración, la enseñanza, los sacramentos, la evangelización, el servicio y el compañerismo), cada uno tiene ciertos dones que él puede ocupar en forma especial para el crecimiento de la Iglesia. Es como un médico que está preparado para todo tipo de enfermedad, pero tiene un área de especialización. Es una gran bendición descubrir cuáles son nuestros dones para ocuparlos al máximo.

LEA 1 TIMOTEO 4:14.

¿Cuál es el consejo que Pablo da a Timoteo en este versículo?

_____

LEA 2 TIMOTEO 1:6.

¿Cuál es la exhortación de Pablo para Timoteo?

_____

LEA 1 CORINTIOS 12:7-11.

Anote los dones mencionados en este pasaje:

_____

_____

LEA 1 CORINTIOS 13:1-3.

Los dones no sirven para nada sin el A _____.

LEA 1 CORINTIOS 12:27-31.

Anote los dones mencionados:

_____

LEA ROMANOS 12:6-8.

Anote los dones mencionados:

_____

_____

¿Le parece que Ud. tiene algunos de los dones mencionados en los pasajes que hemos leído? ¿Cuáles?

_____

Estas listas de dones no pretenden nombrar todos los dones que existen. Quizás Ud. pueda pensar en otro don que no está en estos pasajes. Debería ser algo que el Señor ocupa para ayudar a los otros hermanos.

Si hay alguno, anótelo:

_____

¿En cuáles de estas áreas en la lista abajo piensa Ud. que puede servir mejor? (Coloque "1" al lado de la más fuerte y "2" al lado de la segunda más fuerte, etc.)

Nota: En la mayoría de las iglesias, la administración de los sacramentos es reservada para los oficiales de la iglesia, pero los demás pueden ayudar en la preparación de ellos.

_____ La adoración

_____ La oración

_____ La enseñanza

_____ Los sacramentos

_____ La evangelización

_____ El servicio

_____ El compañerismo

Algunos preguntan, "¿cuál es la diferencia entre un *talento* y un *don*? Básicamente, un don edifica la iglesia, mientras un talento no necesariamente trae beneficios espirituales. Un talento puede llegar a ser también un don si se usa para la edificación de la iglesia. Pero si no produce fruto entre los creyentes, no debe considerarse un *don espiritual*. Por ejemplo, alguien puede cantar bien, pero si su música no trae bendiciones para los demás, es un simple *talento*. Sin embargo, este mismo talento puede ser ocupado por Dios para el bien de la Iglesia, y en ese caso también sería un *don*. Además, hay dones espirituales que difícilmente se puedan llamar *talentos*. Por ejemplo, el don de la fe o de la oración. Un *talento* es una capacidad *natural*, mientras un *don* es una capacidad *sobrenatural*.

La Iglesia es un cuerpo con miembros distintos; unidos pero diversos. Si trabajamos juntos, ¡podemos lograr mucho! Cada uno tiene su lugar, y nadie debería menospreciar los dones de otro, sino que debería animarle a usar sus dones para el bien de los demás.

Si Ud. ha podido identificar algunos de sus dones, piense en cómo podría usarlos mejor para servir al Señor. Anote sus ideas.

_____

_____

REPASO

1. ¿Para qué sirven los dones?

_____

2. Explique en sus propias palabras: ¿Cuál es la diferencia entre un "don" y un "talento"?

_____

_____

EJERCICIO

Después de identificar sus dones, pida a varios amigos cristianos que le digan cuáles son algunos de los dones que ellos ven en Ud. Vea si coinciden con los que Ud. había pensado. Si corresponden, Ud. probablemente tenía razón. Si no identifican los mismos, posiblemente Ud. esté equivocado, o quizás ellos no tengan razón. Espere para ver si el Señor confirma los dones. Observe especialmente si trae beneficio para otros. Note si otras personas le dicen que algo que Ud. hizo fue una bendición para ellas.

PARA CONVERSAR

1. ¿Qué podemos decirle a alguien que piensa que no tiene ningún don?

2. ¿Por qué les cuesta a algunos reconocer sus dones?

3. ¿Cómo podemos saber si hay fruto como resultado del uso de nuestros dones?

12

¿POR QUÉ VOY A LA IGLESIA?

En las próximas lecciones vamos a estudiar los distintos aspectos del ministerio de una iglesia. Comenzaremos con un breve estudio de la *adoración*.

Vamos a la iglesia para recibir los beneficios de la predicación y los sacramentos, para orar, y para compartir con los hermanos. Los cuatro medios de gracia nos edifican allí. Sin embargo, hay otro motivo aún más importante para ir a la iglesia: **PARA ADORAR A DIOS**.

LEA JUAN 4:23.

¿Qué busca Dios?

_____

Adorar _en espíritu_ significa adorar con el corazón, con sinceridad, guiado por el Espíritu Santo.

Adorar _en verdad_ significa adorar con la mente, con conceptos correctos, basados en la Palabra de Dios.

Por un lado, no es suficiente cantar un himno que tiene buena letra, si no lo siente en su corazón. Por el otro lado, tampoco es correcto cantar un cántico con todo el entusiasmo, si la letra no es bíblica. Nuestra alabanza tiene que ser a la vez sincera y basada en la Palabra.

LEA ÉXODO 5:1.

Dios mandó al Faraón a librar a Israel para...

_____

Después de librar a Su Pueblo de Egipto, Dios les mandó a construir el tabernáculo para adorarlo a Él. El tabernáculo era una tienda santa donde Dios estaba presente.

LEA MATEO 2:2.

¿Para qué fueron a visitar al niño Jesús los magos?

_____

LEA APOCALIPSIS 4:11.

¿Por qué es digno de adoración el Señor?

_____

LEA APOCALIPSIS 15:4.

¿Por qué le adoran a Dios todas las naciones?

_____

LEA APOCALIPSIS 19:1-2.

¿Cuáles son los motivos para alabar al Señor?, según estos versículos.

_____

Desde el principio hasta el fin la Biblia nos indica que el hombre debería adorar a Dios por Sus hechos y por Sus atributos.

La palabra *adorar* viene de una palabra en griego que significa literalmente *postrarse y besar*. Esto demuestra la actitud de adoración. Postrarse delante de alguien manifiesta honor y sumisión. Besar sus pies indica amor y gratitud. Cuando nos reunimos en el culto para adorar al Señor, le estamos diciendo, "¡Te amamos y te honramos!" Este gesto del pueblo de Dios reunido le agrada mucho.

La adoración no tiene que ser *cantada* necesariamente. Puede hacerse en *oración* también. Básicamente significa decirle al Señor ¡lo maravilloso que es!

La adoración puede ser privada o pública. El culto del día domingo en la iglesia es la actividad más importante de la semana, porque es el momento más íntimo que Dios tiene con Su Pueblo. De la misma forma, el Encuentro Diario con Dios es el momento más importante de cada día porque es un momento para conversar en privado con el Señor.

Hay que aclarar tres puntos:

1. Primero, toda nuestra vida debería ser un acto de adoración en un sentido.

2. En segundo lugar, si estamos viviendo en pecado, nuestra alabanza no le agrada al Señor. (Ver Isaías 1:10-20.)

3. En tercer lugar, aunque la adoración en privado le agrada al Señor, no puede reemplazar el culto de la iglesia donde nos reunimos para alabar al Señor como familia cristiana. Todos los padres sabemos que es un momento especial cuando están juntos todos los miembros de la familia. De una manera semejante, el culto es un momento muy especial para Dios.

REPASO

1. ¿Cuál es el motivo más importante para ir a la iglesia?

_____

2. ¿Qué significa *adorar,* literalmente?

_____

3. ¿Qué significa adorar *en espíritu y en verdad*?

_____

PARA CONVERSAR

1. ¿Qué importancia debería tener la alabanza en el culto? (¿A veces la primera parte del culto parece solamente una preparación para escuchar el mensaje?)

2. ¿Con qué criterio debemos seleccionar las canciones o himnos para el culto?

EJERCICIO

Apártese para estar a solas con el Señor, y dedique unos quince o veinte minutos a alabarle. Abra su Biblia en el Salmo 103 (u otro pasaje, como los pasajes en Apocalipsis, u otro Salmo) para ayudar a pensar en motivos de alabanza. Trate de no pedir nada, sino solamente expresar alabanza.

13

LA ORACIÓN; NUESTRA ARMA SECRETA

Por causa de la influencia secular en nuestra sociedad, estamos acostumbrados a interpretar casi todos los sucesos de nuestra vida desde una perspectiva material, olvidando la dimensión espiritual. Por ejemplo, cuando nos enfermamos, tendemos a analizar solamente el aspecto biológico: ¿Qué virus tengo? ¿Cómo me contagié? ¿Qué medicamento debo tomar? Estas preguntas son válidas. Sin embargo, la Biblia enseña que, además de la dimensión física, hay una dimensión espiritual. Estamos siempre luchando en una guerra espiritual.

LEA EFESIOS 6:10-20.

Según el versículo 12, ¿cuáles son nuestros verdaderos enemigos?

_____

Desde la Caída, Satanás siempre está actuando para hacernos daño. Sin embargo, Dios es más fuerte, y Él está siempre luchando en contra de la influencia del mal, encaminando todo para nuestro bien. Si a Ud. se le fractura el brazo, por ejemplo, Satanás quiere hacerle daño con eso, y disfruta de su sufrimiento, pero el Señor lo encamina para su bien. Así es la guerra espiritual, y por eso la oración es tan importante.

Si Ud. se enferma, Ud. debe usar los medios que Dios le ha dado para tratar su condición. Por ejemplo, muchas veces debe ir al médico y tomar los medicamentos que él receta. Sin embargo, no olvide que también debe *orar*, porque la enfermedad es parte de una guerra espiritual. Lo bueno es que podemos orar con confianza, porque sabemos que el Señor tendrá la victoria.

Anote las partes de la armadura espiritual, según Efesios 6:14-18:

_____

_____

La oración es nuestra *arma secreta* contra el enemigo, porque nuestra lucha es básicamente espiritual. La oración es nuestra comunicación directa con el Señor, quien dirige todos los ejércitos espirituales contra el mal.

Según el versículo 18:

¿Cuándo debemos orar?

_____

¿Cómo debemos orar?

_____

¿Por quién debemos orar?

_____

LEA ROMANOS 8:28-31.

¿En cuántas cosas Dios nos ayuda para el bien?

_____

¿Por qué? ¿Qué predestinó Dios para nosotros? ¿Seremos como quién?

_____

Esto no significa que el sufrimiento sea fácil de soportar. Y no sabremos muchas veces exactamente cómo o cuándo el Señor transformará los eventos que parecen negativos en algo positivo. Pero sí sabemos que lo va a hacer de la mejor manera y en el mejor tiempo, según Su perfecta sabiduría. Note que el énfasis está en nuestro bien espiritual, nuestro crecimiento. El Señor al final eliminará todo nuestro sufrimiento, incluyendo lo físico y lo material, pero no lo hará completamente en esta vida.

Debemos responder al sufrimiento con un reconocimiento honesto de la maldad y el dolor, pero también con fe en Dios, que lo va a encaminar para el bien. El caso más maravilloso de convertir el sufrimiento en algo bueno es la muerte de Cristo en la cruz. ¡El mismo hecho fue a la vez el acto más horrible y el evento más maravilloso de la historia!

En nuestra guerra espiritual, lo que Satanás especialmente desea es que caigamos en la tentación y pequemos. Por eso la oración también es tan importante, para pedir la victoria sobre la tentación y la liberación del poder del pecado.

LEA MATEO 6:13.

¿Cómo debemos orar contra el pecado, según lo que nos enseñó Jesús?

_____

LEA HEBREOS 4:14-16.

¿Qué nos enseña este pasaje acerca de Jesús?

_____

Jesús nos comprende cuando somos tentados, y Él puede ayudarnos.

¿Qué debemos hacer cuando somos tentados?, según el versículo 16.

_____

LEA 1 JUAN 4:4 Y 1 CORINTIOS 10:13.

¿Cómo nos animan estos versículos en nuestra lucha espiritual?

_____

REPASO

1. ¿Por qué la oración es tan importante? según esta lección.

_____

2. Según Romanos 8:28-31 ¿en cuántas cosas Dios nos ayuda para el bien?

_____

PARA CONVERSAR

1. ¿Qué diría Ud. a una persona que pregunta por qué tenemos que orar si Dios ya sabe lo que necesitamos?

2. ¿Cree que, cuando muchas personas oran por algo es más probable que Dios conceda la petición? Explique su respuesta.

EJERCICIO

Piense en algún aspecto de la guerra espiritual en su vida. Anote puntos para orar acerca de esa lucha. Anote varias cosas que Ud. puede hacer también para luchar contra el enemigo y para vencer la maldad.

_____

_____

_____

_____

14

EL SERVICIO Y EL IMPACTO SOCIAL DEL EVANGELIO

Pocas veces Jesús simplemente habló con las personas, sin también ayudarles con sus problemas físicos. Siempre tenía compasión por los necesitados. Por lo tanto, no podemos separar los dos *brazos* del ministerio: la evangelización y el servicio.

LEA JUAN 13:1-5.

¿Qué quiso mostrar Jesús a los discípulos?

_____

LEA MARCOS 9:33-35.

¿Qué estaban discutiendo los discípulos en el camino?

_____

¿Cuál fue la respuesta de Jesús?

_____

LEA MATEO 25:31-40.

Anote las maneras de servir al prójimo que se mencionan en este pasaje.

_____

_____

_____

¿Cuál es el punto del versículo 40?

_____

LEA 1 JUAN 4:7-21.

Si no amamos a nuestro hermano, ¿qué revela acerca de nosotros?

_____

LEA 1 JUAN 3:16-18.

¿Cuál es el desafío para nosotros en este pasaje?

_____

LEA SANTIAGO 2:14-17.

¿Cómo debería manifestarse la fe verdadera?

_____

El amor de Dios llena nuestros corazones y fluye a través de nosotros al prójimo en forma de servicio. La fe se manifiesta en la *obediencia*.

Esto tiene su impacto en toda la sociedad. Siendo transformados como individuos, la familia cambia, la iglesia también recibe beneficios, y la influencia sigue extendiéndose hasta llegar a todos los aspectos de la sociedad.

LEA MATEO 5:13-14.

Explique en sus propias palabras el significado de estas analogías.

_____

_____

LEA MATEO 13:31-33.

Explique la primera parábola. ¿Qué nos enseña acerca de nuestra influencia en el mundo?

_____

_____

Explique la segunda parábola. ¿Qué nos enseña acerca de nuestra influencia en el mundo?

_____

_____

Estas dos parábolas sugieren que el Reino de Dios crece y transforma la sociedad.

Podríamos dibujarlo como una cruz que va expandiéndose hacia afuera con su influencia. Primero el Señor cambia al individuo, después la familia, la iglesia, y finalmente cambia al mundo. La influencia del Reino es como los círculos concéntricos causados por una piedra cuando cae en el agua. Cumpliendo todos los aspectos del ministerio *integral*, la iglesia entera extiende sus brazos al mundo. Nuestro servicio es muy importante para dar testimonio al mundo del amor de Cristo. Los no creyentes pueden ver que el Señor nos ha cambiado. La iglesia local debería ser un modelo de una comunidad de personas transformadas a la imagen de Jesús.

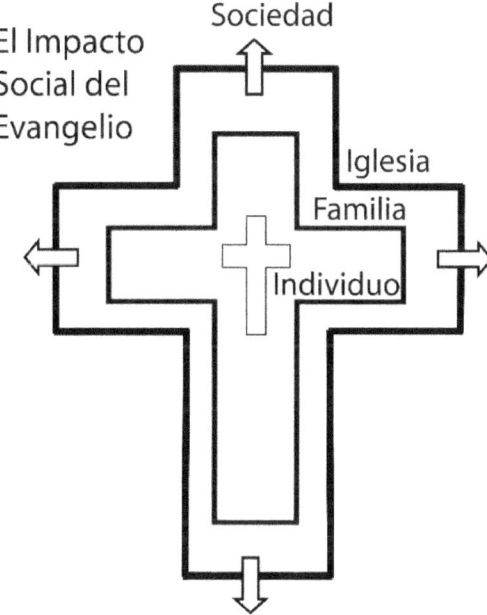

REPASO

1. ¿Quién es el más grande en el Reino de Dios?

    El que S _____ a los demás.

2. Somos la S _____ de la tierra y la

    L _____ del mundo.

3. La fe verdadera se manifiesta en

    B _____ O _____

4. Cuando servimos a un hermano, servimos a

    C _____.

5. Haga Ud. el dibujo del *Impacto Social del Evangelio*.

PARA CONVERSAR

Piense en algunas formas concretas en que Ud. y su iglesia local pueden servir a su prójimo y transformar la sociedad. Comparta sus ideas.

15

¿CÓMO PODEMOS ANIMARNOS LOS UNOS A LOS OTROS?

Uno de los beneficios de ser cristiano es el *compañerismo* con otros hermanos. Es un *medio de gracia*. Somos miembros de un solo cuerpo, y cada uno necesita a los demás, especialmente para animarnos. Lo que vamos a estudiar en esta lección es cómo podemos *animarnos mutuamente* y mantener buenas relaciones.

LEA HEBREOS 10:24-25.

¿En qué sentido debemos animar a los demás?, según este pasaje.

_____

¿Qué es lo que **no** debemos dejar de hacer?

_____

LEA 2 CORINTIOS 1:3-7.

Según este texto, ¿en qué sentido debemos animar a los otros hermanos?

_____

¿Qué clase de experiencia nos ayuda a poder consolar a otra persona que está sufriendo?

_____

LEA EFESIOS 4:15.

Debemos hablar la V_____ en A _____.

Ninguno de los dos basta solo. Hablar la verdad sin amor puede ser cruel. Hablar en "amor", pero sin la verdad es deshonesto. Si no habla la verdad, no está demostrando amor a la otra persona tampoco.

LEA EFESIOS 4:29.

¿Para qué deberían servir nuestras palabras?

_____

LEA 1 CORINTIOS 12:7.

¿Para qué son los dones?

_____

LEA 1 CORINTIOS 12:21-26.

Según este pasaje, ¿Por qué cada cristiano necesita a sus hermanos?

_____

RESOLVIENDO CONFLICTOS

Debemos usar la lengua para animar y para edificar. Sin embargo, a veces hay conflictos entre personas, y tenemos que saber cómo resolverlos. Vamos a estudiar un pasaje muy importante para mantener buenas relaciones en la iglesia.

LEA MATEO 18:15-17.

¿Cuál es el primer paso cuando un hermano le ofende a Ud.?

_____

Entonces, ¿es correcto ir a una tercera persona y quejarse de la persona que le ofendió?

_____

Si la persona que le ofendió no escucha, ¿cuál es el segundo paso?

_____

Si todavía no se arrepiente, ¿cuál es el tercer paso?

_____

Nota: El tercer paso significa que las autoridades de la iglesia sancionan a la persona, quitándole los privilegios de miembro. El propósito es para que se arrepienta y vuelva al Señor.

LEA MATEO 18:21-35.

Si el hermano que nos ofende pide perdón, pero nos ofende de nuevo, ¿cuántas veces debemos perdonarlo?

_____

Nota: La frase "setenta veces siete" significa todas las veces que pidiera.

¿Cuánto le debía el primer siervo al rey?

_____

¿El rey lo perdonó?

¿Cuánto le debía el otro siervo al primero?

¿El primer siervo le perdonó al otro?

Nota: Un denario equivalía a un día de trabajo para un trabajador común. Un talento de plata valía unas 6.000 veces más. Por lo tanto, 10.000 talentos equivaldrían a unos 60 millones de denarios. Sería una cantidad enorme, imposible de pagar para una persona normal en muchas vidas. En cambio, cien denarios serían mucho más fácil de pagar.

¿Qué le pasó al primer siervo por no perdonarle al otro?

¿Cuál es el punto que Jesús quiere hacer con esta historia?

Perdonar significa decidir no *cobrarle* a la otra persona por lo que hizo. Es decir, aunque no haya reparado el daño que hizo (¡y a veces no se puede repararlo!), Ud. puede simplemente tratar a la persona como si no hubiese hecho nada contra Ud. Quizás Ud. no pueda olvidar lo que hizo, ni dejar de sentirse mal, sin embargo Ud. sí puede *decidir* no vengarse, y dejar el asunto en las manos del Señor.

En esta lección, hemos estudiado unos principios básicos para mantener buenas relaciones entre los hermanos. Si no seguimos estas pautas, la iglesia entera sufre y puede dividirse. Si las seguimos, evitamos grandes conflictos y damos un buen testimonio al mundo del amor de Cristo.

REPASO

1. Debemos usar nuestra lengua para A _____ mutuamente.

2. Debemos hablar la V _____ en A _____.

3. Si alguien nos ofende, debemos seguir los tres pasos para reconciliarnos:

a. _____

b. _____

c. _____

5. Si un hermano que nos ha ofendido se arrepiente,

debemos P _____le.

6. ¿Qué significa *perdonar*?

_____

PARA CONVERSAR

1. ¿Cuál es la raíz de la mayoría de los conflictos entre personas?

2. ¿Ha aprendido Ud. algo nuevo acerca de cómo resolver conflictos? Explique.

3. Si alguien tiene dificultad en perdonar alguna ofensa, ¿qué le podría decir Ud.?

16

¿CÓMO PUEDO ENSEÑAR A OTROS?

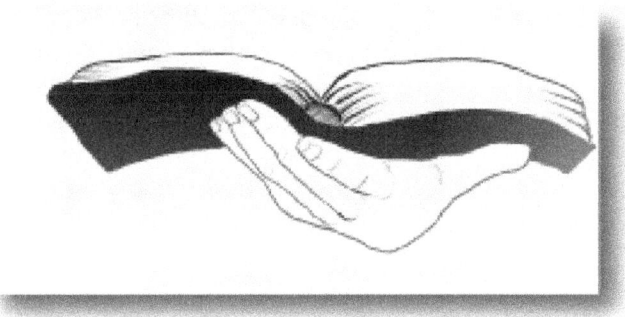

En una lección anterior estudiamos cómo hacer un análisis de un pasaje bíblico, pensando especialmente en el crecimiento personal. Ahora vamos a estudiar algunas pautas acerca de la educación cristiana, pensando en cómo Ud. puede enseñar a otros.

LEA EFESIOS 4:11-16.

Según este pasaje, ¿cuál es el propósito de la enseñanza en la iglesia? ¿Qué queremos lograr?

_____

¡Hay mucho que mejorar en nuestras iglesias en cuanto a este punto! Por un lado, algunos solamente comparten información y doctrinas teóricas, sin llegar a lo práctico. Por otro lado, algunos se entusiasman con las emociones solamente, pero no tienen base bíblica y tampoco llegan a lo práctico. Lo que queremos es enseñanza sólida, basada en la Biblia, que lleve a cambios prácticos en nuestras vidas.

LEA 2 TIMOTEO 3:16-17.

¿Para qué sirven las Escrituras?

_____

LEA LUCAS 20:20-26.

¿Qué le preguntaron a Jesús? (v. 22)

_____

¿Cómo les respondió Jesús? (v. 24)

_____

Un buen maestro no solamente *enseña*, sino ayuda a los alumnos a *aprender*. Una buena forma de hacer pensar a los alumnos es hacerles *preguntas*.

A veces un maestro piensa exclusivamente en lo que él está diciendo y no en lo que los alumnos están aprendiendo. Si él tiene buenas ideas, profundas e interesantes, opina que está enseñando bien. Sin embargo, es posible que los demás no estén interesados en las mismas ideas o que no le entiendan. Un buen maestro sabe ponerse en el lugar de los alumnos y hablar en forma simple. Un buen maestro hace participar a los alumnos. Se dice que el alumno retiene muy poco de lo que escucha, que retiene mucho más de lo que experimenta y que retiene casi todo lo que él descubre por sí mismo.

Deje que los alumnos descubran la verdad por sí mismos en la Palabra de Dios. Deje a los alumnos hablar. Aprenderán más si están participando activamente.

LEA JUAN 15:1-7.

¿Cuál es la ilustración que usa Jesús?

_____

Un buen maestro usa muchas ilustraciones. Jesús siempre usaba ejemplos concretos de la vida, para que todos pudieran entender.

Hay muchas formas en que podemos enseñar: una clase en la iglesia, un estudio bíblico en una casa, un sermón, o una conversación informal. Daremos unas sugerencias para un estudio bíblico en una casa y para una clase.

UN ESTUDIO BÍBLICO

Ud. podría usar algún libro con estudios bíblicos ya preparados. Pero también podría preparar su propio estudio. Recomendamos preparar el contenido del estudio usando los tres pasos de análisis bíblico que estudiamos en la lección #6. Después, ocupe los mismos tres pasos para hacer preguntas al grupo.

Por ejemplo, Ud. estudió Juan 3:16 en la lección #6. Sugerimos las siguientes preguntas para el grupo en la casa:

OBSERVACIÓN

Posibles preguntas:
1. ¿Cuáles son las personas mencionadas en el versículo?
2. ¿Cuáles son los verbos? (las palabras de acción)
3. ¿Qué hizo Dios?
4. ¿Cuál fue Su motivo?
5. ¿Cuál es el resultado?

INTERPRETACIÓN

Posibles preguntas:
1. ¿Qué significa la palabra *mundo* aquí?
2. ¿Qué significa que Jesús es el *hijo unigénito*?
3. ¿En qué forma Dios lo *dio*?
4. ¿Qué se necesita para ser salvo?
5. ¿Qué significa *creer* en Él?
6. ¿Qué significa tener la *vida eterna*?
7. ¿Cuándo comienza la vida eterna?
8. ¿Este versículo enseña que todos serán salvos?

Guíe la discusión para que todos participen, si es posible. Ayude a los demás a descubrir las enseñanzas de este versículo por sí mismos. Evite discusiones largas que no tienen relación con el texto. Evite que una sola persona domine toda la conversación. Escuche a todos con respeto y con interés, y trate de asegurar que los demás también lo hagan.

APLICACIÓN

Posibles preguntas:
1. Si solamente necesitamos creer en Jesús para ser salvo, ¿por qué no seguir pecando como siempre?
2. Supongamos que está conversando con alguien que no es creyente. ¿Cómo nos ayuda este versículo a compartir el mensaje del evangelio con esa persona? ¿Qué le diría? ¿Cuáles son los puntos más importantes del mensaje?
3. Supongamos que está conversando con una persona que dice que es creyente, pero insiste en que, además de creen en Jesús, necesitamos ser bautizados, o necesitamos hacer buenas obras, para ser salvos. ¿Qué le diría?

Nota: Piense en otros tipos de aplicación. Piense en cambios en la manera de pensar, la manera de actuar, y la manera de sentir. Piense en "mente, manos, y corazón."

Ejercicios:
A veces es bueno hacer algún tipo de ejercicio para explicar o aplicar la enseñanza del pasaje bíblico. Por ejemplo, en este caso, podría pedir a dos personas que hagan un diálogo. A) Una persona representa a un cristiano, y otra persona representa a un no creyente. El cristiano debería tratar de explicar el evangelio al no creyente, y el no creyente responde con preguntas. Después, todos

pueden conversar acerca del diálogo. B) Otra opción sería hacer un diálogo entre una persona que cree que deberíamos hacer buenas obras o ser bautizados para ser salvos, y una persona que cree que solamente necesitamos creer en Jesús para ser salvos. Después, todos pueden hacer sugerencias.

UNA CLASE

De nuevo, si no hay materiales, Ud. mismo puede preparar el contenido de una lección, usando los pasos de un análisis bíblico. Una clase en la iglesia es distinta al estudio bíblico en la casa porque hay menos tiempo, y posiblemente la cantidad de personas impida que todos participen. Ud. tendrá que hablar un poco más. Sugerimos el siguiente esquema para una clase *con jóvenes o adultos*:

1) Oración

2) Introducción

> Esto debe ser un *anzuelo*, algo que llama la atención y muestra la importancia de lo que van a estudiar. Haga una pregunta para reflexión.

3) Lección bíblica

> Esto es un resumen de lo que Ud. aprendió en el análisis bíblico. Debe ser breve, preciso, y práctico. Recomendamos limitarse a un sólo punto principal, y que lo explique bien con muchas ilustraciones.

4) Diálogo

Permita que hagan preguntas y comentarios.

5) Conclusión

Saque conclusiones y aplicaciones prácticas.

6) Oración entre todos

REPASO

1. Según Efesios 4:11-16, ¿cuál es el propósito de la enseñanza en la iglesia?

_____

2. Según 2 Timoteo 3:16-17, ¿para qué sirven las Escrituras?

_____

EJERCICIO

Seleccione un texto bíblico y prepare un estudio para una reunión en una casa, o para una clase en la iglesia, siguiendo las pautas de arriba.

17

¿Cómo Puedo Compartir Mi Fe?

INTRODUCCIÓN

Supongamos que Ud. fuera el único cristiano en el mundo. Si una sola persona llegara a ser cristiana por causa de su testimonio en un año, y después cada uno de los dos llevara a otra persona más al Señor en el año siguiente, y así el número fuera multiplicándose por dos cada año, ¿en cuántos años sería cristiano todo el mundo? ¿Doscientos años? ¿Cien años? No......

¡En solamente treinta y tres años!

Eso le anima, ¿verdad? Significa que la tarea de evangelizar al mundo no es imposible. Si cada cristiano cumpliera su parte, orando por un amigo o algún contacto que tiene, buscando la oportunidad de compartir el evangelio durante el año, ¡podríamos llegar a ser millones de cristianos, y el mundo sería transformado! Si cada miembro de su iglesia pide al Señor que convierta a una persona durante este año por medio de su testimonio, ¡la iglesia puede doblarse en un año!

Posiblemente Ud. tenga el deseo de compartir las Buenas Noticias, pero necesite ayuda. Lo siguiente es un método sencillo para presentar el evangelio. La idea no es que lo repita de una manera mecánica. Después de practicar con este bosquejo, Ud. puede desarrollar su propio método, agregando otros pasajes, ilustraciones y enseñanzas bíblicas. Cada persona es diferente, y cada presentación del evangelio debería adaptarse para llegar a esa persona. Sin embargo, lo siguiente sirve como una pauta, para darle más seguridad en cumplir la Gran Comisión, "Id y haced discípulos a todas las naciones." (Mateo. 28:19)

Lea con cuidado el contenido del folleto *Una Nueva Armonía*. Después, conteste las preguntas de repaso para aprender a presentar el evangelio.

****

Una Nueva Armonía

¿Se ha preguntado Ud. alguna vez, "Por qué está tan desafinado el mundo? ¿Por qué hay tantos problemas?

Hay guerras, enfermedades, hambre, pobreza, injusticia, miedo, y familias divididas. ¿De dónde vienen estos conflictos? ¿Cuál es la solución para ellos? ¿Cómo se puede lograr un mundo de paz?

La Biblia da la explicación y la solución:
Hay tres cosas que Ud. debe *saber*, y tres cosas que Ud. debe *hacer* para ayudar en el proceso de transformar el mundo en una sociedad con más armonía. ¡El proceso comienza con Ud.!

TRES COSAS QUE USTED DEBE *SABER*

1. LA CREACIÓN
En el principio Dios creó todo en perfecta armonía.

"Y Dios vio que todo lo que había hecho estaba muy bien."
(Génesis 1:31)

2. LA CAÍDA

Sin embargo, el hombre desobedeció a Dios, y como resultado, la armonía se convirtió en conflicto. Adán representó a toda la humanidad y fracasó. Ahora todos somos pecadores y merecemos ser separados eternamente de Dios. Las relaciones fueron rotas entre:

> el hombre y Dios,
> el hombre y su prójimo,
> el hombre y la naturaleza, y
> el hombre y su propia alma.

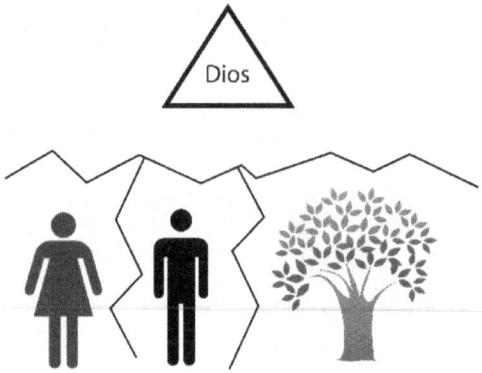

"Así pues, por medio de un solo hombre entró el pecado en el mundo y trajo consigo la muerte, y la muerte pasó a todos porque todos pecaron." (Romanos 5:12)

3. CRISTO

Esta tragedia explica por qué Jesucristo vino al mundo. Vivió una vida perfecta, sin pecado. Murió en la cruz, sufriendo el castigo en nuestro lugar, por nuestros pecados. Resucitó de entre los muertos, ganando la victoria sobre el pecado, sobre Satanás, y sobre la muerte. Así Cristo consiguió la reconciliación del hombre con Dios, y empezó a restaurar todas las relaciones que habían sido rotas por el pecado.

"Pues Dios quiso habitar plenamente en Cristo, y por medio de Cristo quiso poner en paz consigo al universo entero, tanto lo que está en la tierra como lo que está en el cielo, haciendo la paz mediante la sangre que Cristo derramó en la cruz." (Colosenses 1:19-20)

Usted puede participar en el proceso de hacer la paz en este mundo y extender el reino de Dios. Primero, Ud. mismo debe ser reconciliado con Dios personalmente, porque también ha sido separado de Dios por el pecado. Después, Ud. puede ayudar a otros a experimentar la misma paz.

TRES COSAS QUE USTED DEBE *HACER*

1. RECIBIR

Reciba el perdón de sus pecados. El perdón de Dios es gratis. Es decir, Jesús ya pagó la cuenta en la cruz. Ud. solamente tiene que pedir perdón sinceramente. Acepte que Dios lo declare legalmente libre de culpa. Él remueve su pecado y le da la justicia de Jesús. Así será reconciliado con Él, tendrá paz, y vivirá eternamente en Su presencia.

Posiblemente Ud. no se considere una persona mala. Sin embargo, debe reconocer que ha hecho cosas que han ofendido a Dios y que han traído conflicto al mundo. Además, Dios ve el corazón, y Él sabe que muchas veces nuestros motivos no son muy puros y nuestros pensamientos no son muy limpios.

"... ¡No hay quien haga lo bueno! ¡No hay ni siquiera uno!"
(Romanos 3:10)

"El pago que da el pecado es la muerte, pero el don de Dios es vida eterna en unión con Cristo Jesús, nuestro Señor." (Romanos 6:23)

"Así pues, libres ya de culpa gracias a la fe, tenemos paz con Dios por medio de nuestro Señor Jesucristo." (Romanos 5:1)

"Pero si confesamos nuestros pecados, podemos confiar en que Dios hará lo que es justo: nos perdonará nuestros pecados y nos limpiará de toda maldad." (1 Juan 1:9)

2. RENDIRSE

Entregue su vida al Señor Jesús. Tome la decisión de ser Su discípulo, dispuesto a hacer lo que Él le pida. Confíe en Él para guiarle y hacer siempre lo que es mejor para Ud. Así comenzará a experimentar una nueva vida de gozo, viviendo más y más en armonía con los demás.

"Si vivimos, para el Señor vivimos, y si morimos, para el Señor morimos. De manera que, tanto en la vida como en la muerte, del Señor somos." (Romanos 14:8)

"Sométanse, pues, a Dios." (Santiago 4:7)

Ud. puede dar estos dos pasos haciendo una oración. Dios le ama y le escuchará. Pida perdón y entregue su vida a Él. Si lo hace, ¡recibirá la vida eterna!

"Les aseguro que quien presta atención a lo que yo digo y cree en el que me envió, tiene vida eterna; y no será condenado, pues ya ha pasado de la muerte a la vida." (Juan 5:24)

3. REPETIR

Repita el mismo mensaje a otros, para que el proceso de la reconciliación pueda repetirse en ellos. Así el mundo será transformado poco a poco, una persona a la vez, empezando en el corazón de cada uno. ¡Así Dios establece Su reino! ¡Es el comienzo de una NUEVA ARMONÍA!

"Vayan, pues, a las gentes de todas las naciones, y háganlas mis discípulos..." (Mateo 28:19)

"Ustedes son la sal de este mundo.... Ustedes son la luz de este mundo." (Mateo 5:13,14)

****

Ahora Ud. puede aprender a presentar el evangelio, usando el bosquejo del folleto arriba:

Primero, anote las preguntas de introducción:

    ¿Por qué _____?

    ¿Cuál es la _____?

El bosquejo principal es sencillo.

    Hay tres cosas que debe _____.

    y tres cosas que debe _____.

Hay tres "C" y tres "R."

Tres cosas que Ud. debe saber:

    C _____

    C _____

    C _____

Tres cosas que Ud. debe hacer:

    R _____

    R _____

    R _____

Ahora, veamos cómo explicar cada punto:

En los dos primeros puntos, explicamos de dónde vienen los problemas en el mundo. El plan original de Dios no fue así, y Él no tiene la culpa. El hombre destruyó todo con el pecado.

En el tercer punto, explicamos la solución que proveyó Dios en Cristo. Esto es el corazón del evangelio, lo que hizo Jesús. Hay tres aspectos básicos: Su vida perfecta, Su muerte en la cruz, y Su resurrección.

Ahora Ud. tiene que relacionar estos hechos históricos con la persona con quien está compartiendo el evangelio. La persona tiene que ver que el proceso de cambiar el mundo empieza en su propio corazón y en su relación personal con Jesús. Necesita aceptar personalmente el perdón de Cristo y entregar su vida a Él. Pero es importante destacar que esto no se trata solamente de su salvación como individuo; es mucho más grande. Se trata de extender el reino de Dios. Por eso, debería compartir el mensaje con otras personas.

Ahora Ud. puede preguntar a la persona qué le parece esto. Tome el tiempo para conversar con calma acerca del evangelio y acerca de su relación con Dios. Deje que le hable de su trasfondo espiritual. ¿Asiste alguna iglesia? ¿Ha leído la Biblia? ¿Cree en Dios? Si demuestra interés y comprensión, Ud. puede preguntar si quiere tomar los tres pasos de compromiso: Recibir, Rendirse, y Repetir. No le presione y no le apure. Esto puede demorar días, semanas, meses, ¡o años! Cuando alguien está listo para un compromiso, Ud. le puede ayudar a hacer una oración, pero que lo haga en sus propias palabras.

Si toma la decisión, Ud. puede asegurarle que tiene la vida eterna y que será un instrumento de paz y armonía en este mundo.

Revise los versículos bíblicos para poder citarlos. Si no los tiene memorizados perfectamente, por lo menos puede decirlos en sus propias palabras:

Génesis 1:31

_____

_____

Romanos 5:12

_____

_____

Colosenses 1:19-20

_____

_____

Romanos 3:10

_____

_____

Romanos 6:23

_____

_____

Romanos 5:1

_____

1 Juan 1:9

_____

_____

Romanos 14:8

_____

_____

Santiago 4:7

_____

Juan 5:24

_____

_____

Mateo 28:19

_____

_____

Mateo 5:13-14

_____

_____

REPASO

Escriba el bosquejo principal de la presentación del evangelio.

Tres cosas que debe saber

Tres cosas que debe hacer

EJERCICIO

Practique la presentación del evangelio en voz alta con un amigo, hasta poder hacerlo en forma correcta, sin ayuda. Así se sentirá más seguro cuando el Señor le da la oportunidad de compartirlo con alguien. Recuerde que la idea no es repetirlo en forma mecánica, sino tenerlo en mente como un resumen de puntos importantes.

18

REPASO

En esta lección haremos un repaso de las enseñanzas más importantes del libro.

1. Ud. es una nueva persona.

     Tiene un nuevo P _____ y un

     nuevo P _____.

2. ¿Qué sucedió en la vida del cristiano con respecto al dominio del pecado?

_____

3. ¿Cuál es el nuevo propósito de su vida?

_____

4. ¿Cuál es la meta del crecimiento espiritual?

_____

5. Nombre los cuatro *medios de gracia*:

_____

_____

6. Nombre los dos elementos básicos de un Encuentro Diario con Dios.

_____

7. ¿Qué significa orar *en el nombre de Jesús*?

_____

8. Anote los tres pasos básicos del análisis bíblico:

_____

_____

_____

9. ¿Qué es un sacramento?

_____

10. ¿Qué simboliza el bautismo?

---

11. ¿Qué simboliza la Santa Cena?

---

12. Haga el dibujo de los círculos que explica cómo saber la voluntad de Dios:

13. Haga el dibujo que explica lo que significa la plenitud del Espíritu Santo.

14. Haga el dibujo de la cruz con los siete aspectos del ministerio de la Iglesia.

15. ¿Para qué sirven los dones espirituales?

_____

16. ¿Cuál es el motivo más importante para ir a la iglesia?

_____

17. ¿Qué significa *adorar*, literalmente?

_____

18. ¿Qué significa adorar *en espíritu y en verdad*?

_____

19. ¿Por qué la oración es tan importante?

_____

20. Haga el dibujo del *Impacto Social del Evangelio.*

21. Debemos hablar la V _____ en A _____.

22. Anote los tres pasos que debemos seguir cuando alguien peca contra nosotros:

_____

_____

_____

23. ¿Qué significa *perdonar*?

_____

24. Anote el bosquejo del evangelio presentado en el folleto *Una Nueva Armonía*.

_____

_____

_____

_____

_____

_____

CONCLUSIÓN

Espero que el estudio de estas lecciones le haya animado en su proceso de crecimiento espiritual. Permítame repetir que ningún esfuerzo humano producirá verdadera santificación si no confiamos en el Señor. ¡Corra la carrera con la mirada puesta en Jesús, el autor y consumador de su fe!

> La excelencia humana,
> separada de Dios,
> es como la flor legendaria que,
> según los rabinos,
> Eva arrancó al salir del Paraíso.
> Separada de su raíz original,
> es solo el conmovedor recuerdo
> de un Edén perdido:
> triste, aunque encantadora y hermosa,
> pero muerta.[2]
>
> Sir Charles Villiers Stanford

Ahora quisiera pedirle un favor: Comparta lo que ha aprendido con otras personas. Use sus dones y practique lo que ha aprendido sobre el ministerio. Podría hacer un estudio bíblico usando estas mismas lecciones o pensar en otra manera de comenzar a ministrar a otros, ayudándoles a perseverar en la gracia y a ser transformados a la imagen de Cristo. ¡Que el Señor le guíe y le bendiga!

---

[2] Citado por Steve Brown en *A Scandalous Freedom* (New York: Howard Books, 2004), p. 51.

COMPROBACIÓN

RESPUESTAS DE LOS REPASOS

Lección 1

1. Tiene que nacer de nuevo.
2. Como una nueva criatura
3. El creyente ya no es dominado por el pecado.
4. Debemos abandonar al viejo hombre y vestirnos del nuevo hombre.
5. Debemos permanecer en Cristo.

Lección 2

1. El propósito de la vida es glorificar a Dios (o amar a Dios.)
2. La meta del crecimiento es llegar a ser como Jesús.
3. Jesús demuestra el fruto del Espíritu Santo.
4. Jesús demuestra el Amor.
5. Su "descripción de trabajo" es vivir como Jesús vivía.
6. Soy una nueva persona en Cristo en el sentido de que tengo un nuevo propósito y una nueva meta.

Lección 3

1. a. Mantener la vista en Jesús.
   b. Usar los *medios de gracia*.

2. Los medios de gracia son: la Palabra, la oración, los sacramentos, y el compañerismo.

Lección 4
1. Diálogo
2. Los dos pasos del Encuentro Diario con Dios:
    1) Leer la Biblia
    2) Orar
3. Los tres pasos del análi
    a. Observar los d
    b. Interpretar el r.....
    c. Aplicar el mensaje a mi vida

Lección 5
1. Los cuatro elementos de la oración:
    a. Confesión
    b. Gracias
    c. Alabanza
    d. Petición
2. Significa pedir algo para Su gloria, de acuerdo con Su voluntad.
3. Pedir algo con apoyo bíblico
4. No es lo mejor para nosotros, o no es el momento.

Lección 6
    I. Observar
    II. Interpretar
        A. Hacer preguntas
        B. Buscar respuestas
            1. En la Biblia
            2. En otros libros
    III. Aplicar
        1. Una promesa
        2. Una enseñanza

3. Un principio ético
4. Un ejemplo

Lección 7

1. Un sacramento es una ceremonia instituida por el Señor Jesús para enseñar las verdades del evangelio con símbolos materiales.
2. El bautismo simboliza ser recibido como miembro de la familia cristiana especialmente, también el lavamiento del pecado y el ungimiento del Espíritu Santo.
3. La circuncisión.
4. La muerte de Jesús por nuestros pecados, también nuestra unidad, nuestra dependencia de Él, y la futura cena celestial.
5. La Pascua.

Lección 8

1. a. obediencia
   b. sabiduría
2. La obediencia, lo correcto
3. La sabiduría, lo mejor
4. Según nuestra propia preferencia
5.   a. la oración
       b. la Palabra
       c. el consejo de otros
       d. el conocimiento de la situación

Lección 9

1. Sí
2. En el sentido de madurez; es una característica.
   En el sentido de una experiencia para un ministerio especial.

Lección 10

EL MINISTERIO

1. La adoración
2. La oración

7. El compañerismo

6. El servicio

5. La evangelización

3. La enseñanza
4. Los sacramentos

Lección 11

1. Los dones sirven para edificar la iglesia.

2. Un don es utilizado por el Señor para dar fruto de la edificación de los hermanos de la iglesia, mientras un talento no da ese fruto.

Lección 12

1. Para adorar a Dios

2. Postrarse y besar

3. Adorar sinceramente y con la verdad, con el corazón y con la mente.

Lección 13

1. Porque todo lo que nos sucede es parte de una guerra espiritual (o algo parecido).

174

2. Todas las cosas

Lección 14
1. El que sirve a los demás
2. Sal, luz
3. en buenas obras
4. Cristo
5.

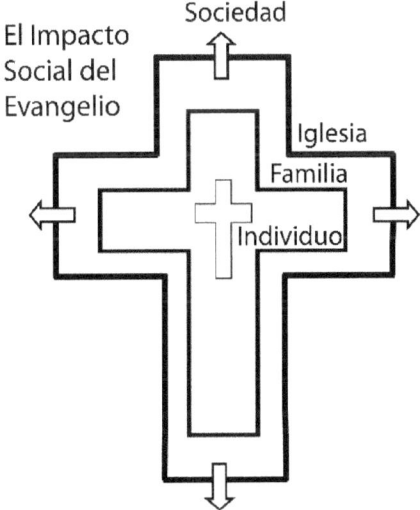

Lección 15
1. Animar
2. la verdad en amor
3. Conversar con él, llevar testigos, avisar a los dirigentes de la iglesia.
4. Perdonar
5. Decidir no cobrarle por lo que hizo, no vengarse.

Lección 16
1. Que todos lleguemos a ser como Cristo.

2. Para crecer espiritualmente.

Lección 17

EL BOSQUEJO DEL EVANGELIO

Tres cosas que Ud. debe saber:

1) Creación: Dios hizo todo en armonía.
2) Caída: El hombre pecó y todo se convirtió en conflicto.
3) Cristo: Vivió la vida perfecta, murió por nuestros pecados y resucitó para ganar la victoria. Así reconcilió todo.

Tres cosas que Ud. debe hacer:

1) Recibir el perdón de sus pecados
2) Rendirse a Cristo
3) Repetir el mensaje a otros

REPASO
1. Poder, propósito
2. El pecado ya no tiene dominio.
3. Glorificar a Dios (amarlo).
4. Llegar a ser como Cristo.
5. La oración, la Palabra, los sacramentos, y el compañerismo.
6. Leer la Biblia y orar
7. Según Su voluntad, para Su gloria
8. Observar, Interpretar, Aplicar
9. Una ceremonia instituida por Jesús para proclamar el evangelio con símbolos materiales.

10. Recepción en la familia cristiana (limpieza, ungimiento del Espíritu Santo).

11. Recordar la muerte de Jesús (y nuestra unidad, dependencia de Él.)

12. Cómo saber la voluntad de Dios

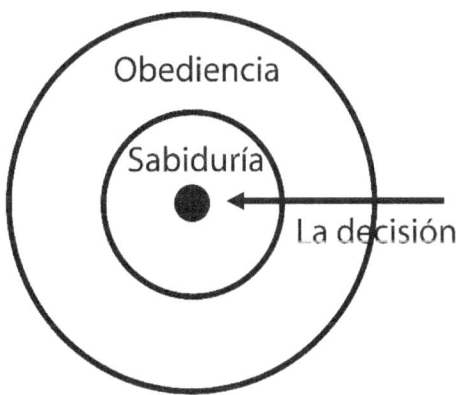

La Plenitud del Espíritu

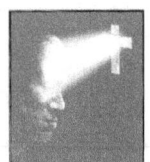

3. "LLENADO" DEL ESPÍRITU:
El creyente puede tener repetidas
experiencias de ser capacitado para
un ministerio especial.

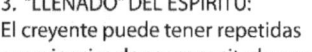

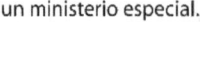

X

X

X

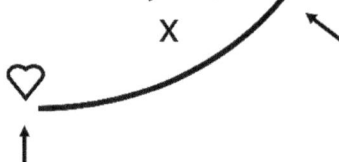

2. "LLENO" DEL ESPÍRITU:
Un creyente crece espiritualmente,
mostrando el fruto del Espíritu,
llegando a ser más como Cristo.

1. RECIBE EL ESPÍRITU:
Una persona es regenerada por el
Espíritu Santo, y en su conversión, recibe
el Espíritu para guiarlo y santificarlo.

14.

EL MINISTERIO

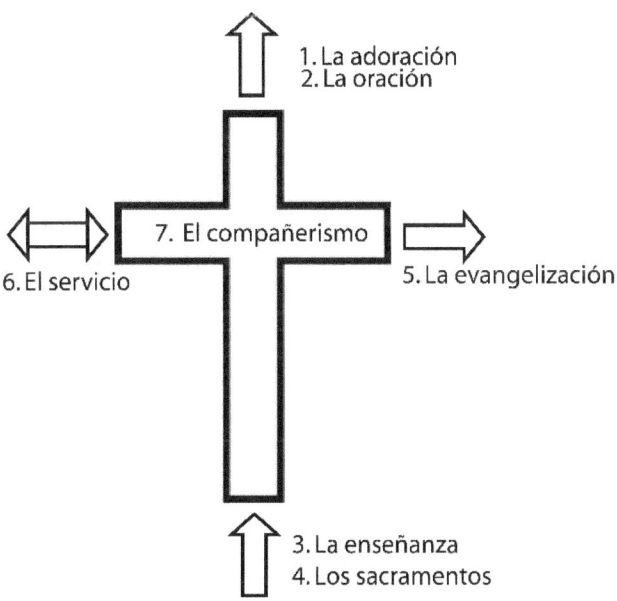

1. La adoración
2. La oración

7. El compañerismo

6. El servicio

5. La evangelización

3. La enseñanza
4. Los sacramentos

15. Para edificar a los hermanos de la Iglesia
16. Para adorar a Dios.
17. Postrarse y besar
18. Adorar con el corazón y con la mente, sinceramente y con la verdad
19. Porque todo lo que nos sucede es parte de una guerra espiritual.

20.

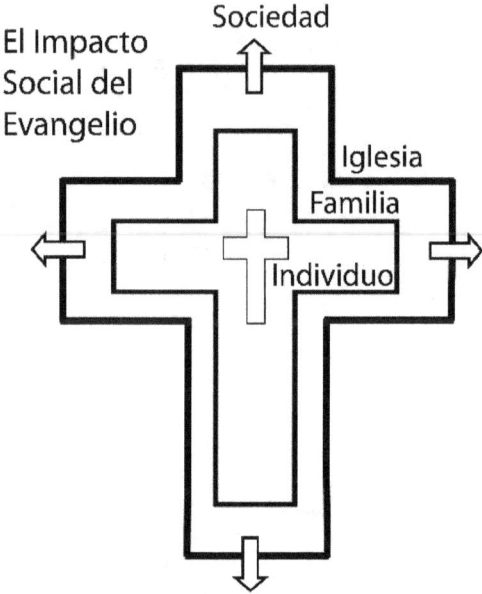

21. Debemos hablar la verdad en amor
22. Conversar con la persona, llevar testigos para conversar con ella, hablar con los dirigentes de la iglesia.
23. Decidir no cobrarle por lo que hizo, no vengarse

24. EL BOSQUEJO DEL EVANGELIO

Tres cosas que Ud. debe saber:

1) Creación: Dios hizo todo en armonía.
2) Caída: El hombre pecó y todo se convirtió en conflicto.
3) Cristo: Vivió la vida perfecta, murió por nuestros pecados y resucitó para ganar la victoria. Así reconcilió todo.

Tres cosas que Ud. debe hacer:

1) Recibir el perdón de sus pecados
2) Rendirse a Cristo
3) Repetir el mensaje a otros